Impressum
Verlag: BABADADA GmbH, Nedderfeld 112 , 22529 Hamburg
Geschäftsführer / Verlagsleitung: Harald Hof
Druck: Books on Demand GmbH, In de Tarpen 42, 22848 Norderstedt

Imprint
Publisher: BABADADA GmbH, Nedderfeld 112 , 22529 Hamburg, Germany
Managing Director / Publishing direction: Harald Hof
Print: Books on Demand GmbH, In de Tarpen 42, 22848 Norderstedt

σχολείο

shkolla

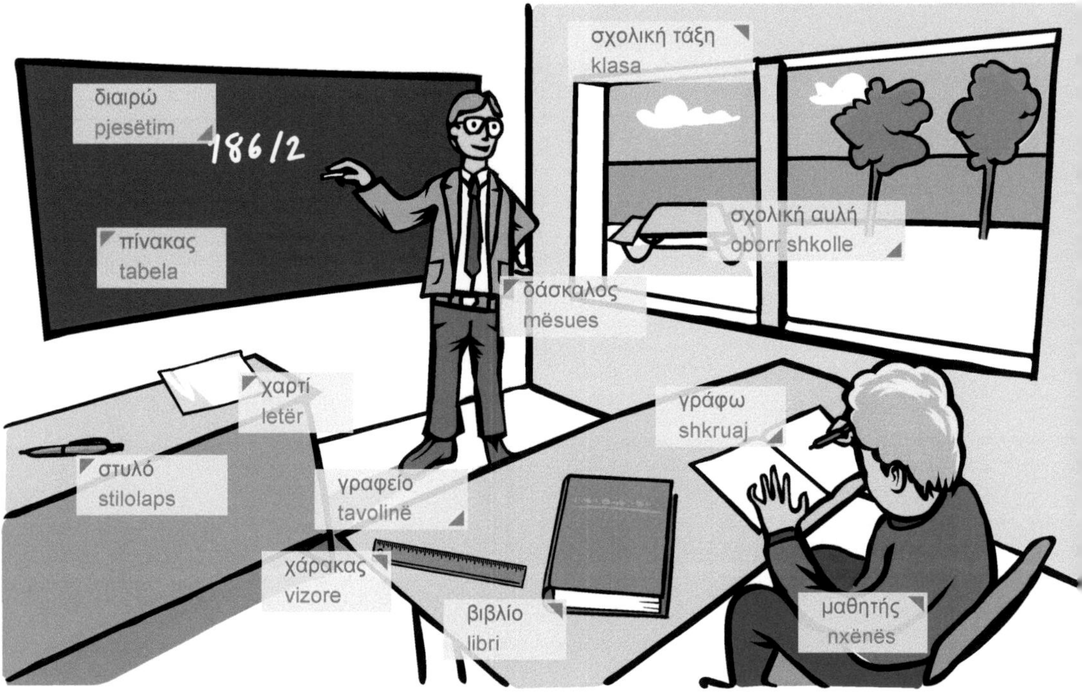

σχολική τάξη
klasa
διαιρώ
pjesëtim
186/2
πίνακας
tabela
σχολική αυλή
oborr shkolle
δάσκαλος
mësues
χαρτί
letër
γράφω
shkruaj
στυλό
stilolaps
γραφείο
tavolinë
χάρακας
vizore
βιβλίο
libri
μαθητής
nxënës

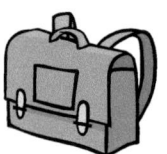

σχολική τσάντα

çantë

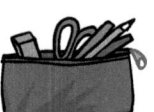

κασετίνα/ μολυβοθήκη

mbajtëse lapsash

μολύβι

laps

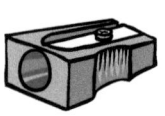

ξύστρα

mprehës lapsash

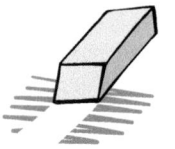

γόμα

gomë

μπλοκ ζωγραφικής

fletore vizatimi

ζωγραφική

vizatim

πινέλο

penel

κουτί χρωμάτων

kuti bojërash

ψαλίδι

gërshërë

κόλλα

ngjitës

τετράδιο ασκήσεων

fletore detyrash

εργασία για το σπίτι

detyrë shtëpie

αριθμός

numër

προσθέτω

mbledh

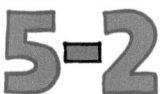

αφαιρώ

zbres

πολλαπλασιάζω

shumëzoj

υπολογίζω

llogaris

γράμμα

gërmë

αλφάβητο

alfabeti

λέξη

fjalë

κείμενο
tekst

διαβάζω
lexoj

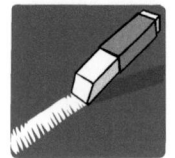

κιμωλία
shkumës

μάθημα
mësim

εγγράφομαι
regjistër

τεστ
provim

πιστοποιητικό
çertifikatë

μαθητική στολή
uniformë shkolle

εκπαίδευση
arsimim

εγκυκλοπαίδεια
enciklopedia

πανεπιστήμιο
universitet

μικροσκόπιο
mikroskop

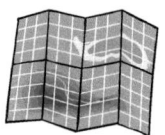

χάρτης
hartë

καλάθι αχρήστων
kosh letrash

ταξίδι
udhëtim

ξενοδοχείο
hotel
Grand
ξενώνας
bujtinë
ROOMS
€CHANGE
ανταλλακτήρια συναλλάγματος
pikë këmbimi valutor
βαλίτσα
valixhe
αυτοκίνητο
makinë

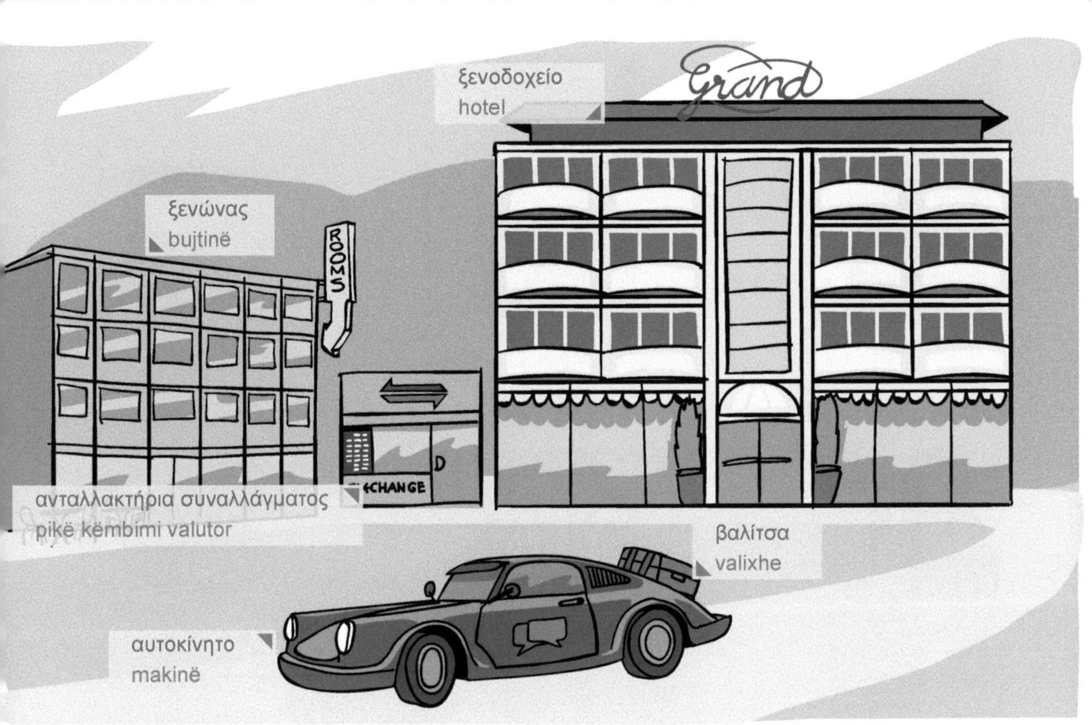

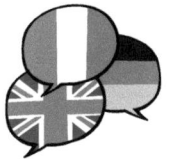

γλώσσα

gjuhë

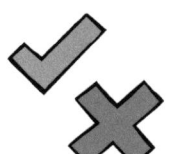

ναι / όχι

po / jo

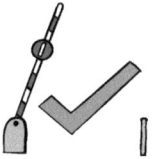

εντάξει

Në rregull

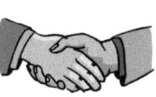

γεια σου

ç'kemi

μεταφραστής

përkthyes

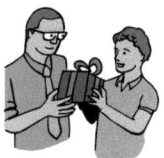

Ευχαριστώ

Faleminderit

πόσο κάνει ;

sa kushton...?

Δε καταλαβαίνω

nuk e kuptoj

πρόβλημα

problem

Καλησπέρα!

Mirëmbrëma!

Καλημέρα!

Mirëmëngjes!

Καληνύχτα!

Natën e mirë!

Αντίο

mirupafshim

κατεύθυνση

drejtim

αποσκευές

bagazhet

τσάντα

çantë

σακίδιο πλάτης

çantë shpine

καλεσμένος

mysafir

δωμάτιο

dhomë

υπνόσακος

thes gjumi

σκηνή

tendë

ταξίδι - udhëtim

τουριστικές πληροφορίες

informacion për turistët

παραλία

plazh

πιστωτική κάρτα

kartë krediti

πρωινό

mëngjes

μεσημεριανό

drekë

δείπνο

darkë

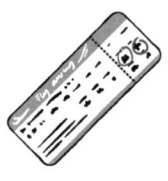

εισιτήριο

Biletë

ανελκυστήρας

ashensor

γραμματόσημο

pulla

σύνορα

kufi

τελωνείο

doganë

πρεσβεία

ambasadë

βίζα

vizë

διαβατήριο

pasaportë

ταξίδι - udhëtim

μεταφορά
transport

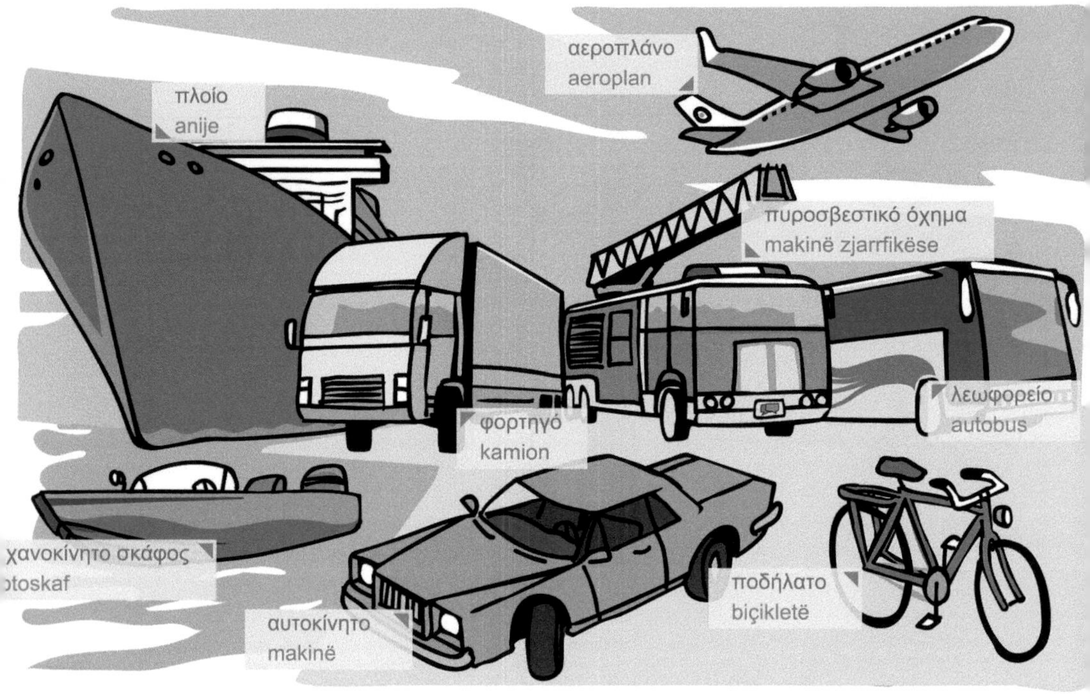
αεροπλάνο
aeroplan
πλοίο
anije
πυροσβεστικό όχημα
makinë zjarrfikëse
λεωφορείο
autobus
φορτηγό
kamion
χανοκίνητο σκάφος
toskaf
ποδήλατο
biçikletë
αυτοκίνητο
makinë

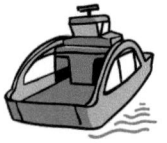

φεριμπότ
traget

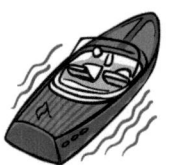

βάρκα
varkë

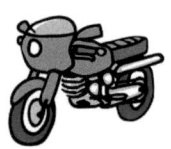

μοτοσικλέτα
motoçikletë

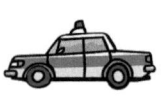

περιπολικό
makinë policie

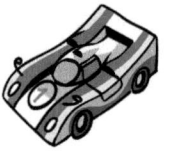

αγωνιστικό αυτοκίνητο
makinë garash

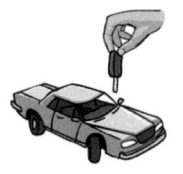

ενοικιαζόμενο αυτοκίνητο
makinë me qira

διαμοιρασμός αυτοκινήτων

ndarje e qirasë së makinës

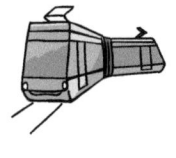

γερανός

karroatrec

απορριμματοφόρο

makinë plehrash

κινητήρας

motor

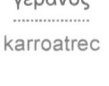

καύσιμο

benzinë

βενζινάδικο

pikë karburanti

πινακίδα σήμανσης

sinjalistikë trafiku

κυκλοφορία

trafik

κυκλοφοριακή συμφόρηση

bllokim trafiku

χώρος στάθμευσης

parkim makinash

σιδηροδρομικός σταθμός

stacion treni

σιδηροδρομικές γραμμές

trase

τρένο

tren

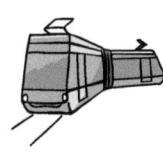

τραμ

tramvaj

βαγόνι

karro

ελικόπτερο

helikopter

αεροδρόμιο

aeroport

πύργος

kullë

επιβάτης

pasagjer

εμπορευματοκιβώτιο

kontenier

χαρτοκιβώτιο

kuti kartoni

καρότσι

qerre

καλάθι

shportë

απογειώνομαι /
προσγειόνομαι

ngrihem / ulem

πόλη

qytet

χωριό

fshat

κέντρο της πόλης

qendra e qytetit

σπίτι

shtëpi

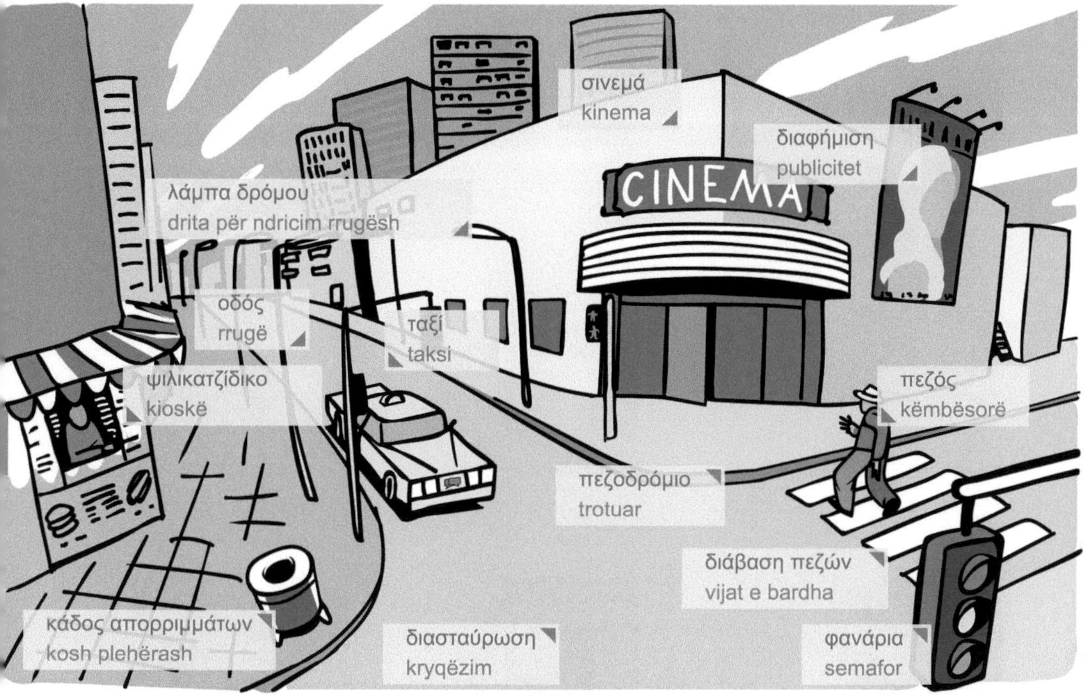

σινεμά
kinema
διαφήμιση
publicitet
CINEMA
λάμπα δρόμου
drita për ndricim rrugësh
οδός
rrugë
ταξί
taksi
ψιλικατζίδικο
kioskë
πεζός
këmbësorë
πεζοδρόμιο
trotuar
διάβαση πεζών
vijat e bardha
κάδος απορριμμάτων
kosh plehërash
διασταύρωση
kryqëzim
φανάρια
semafor

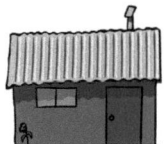

καλύβα

kasolle

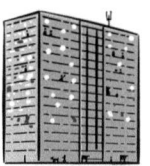

διαμέρισμα

apartament

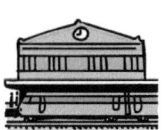

σιδηροδρομικός σταθμός

stacion treni

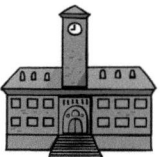

δημαρχείο

bashki

MUSEUM

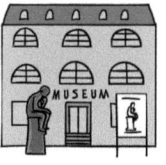

μουσείο

muze

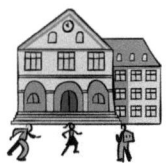

σχολείο

shkolla

πανεπιστήμιο

universitet

τράπεζα

bankë

νοσοκομείο

spital

ξενοδοχείο

hotel

φαρμακείο

farmaci

γραφείο

zyrë

βιβλιοπωλείο

librari

κατάστημα

dyqan

ανθοπωλείο

dyqan lulesh

σούπερ μάρκετ

supermarket

αγορά

market

πολυκατάστημα

mapo

ιχθυοπωλείο

dyqan peshku

εμπορικό κέντρο

qëndër tregtare

λιμάνι

port

πάρκο

park

παγκάκι

stol

γέφυρα

urë

σκάλες

shkallë

μετρό

metro

τούνελ

tunel

στάση λεωφορείου

stacion autobuzi

μπαρ

bar

εστιατόριο

restorant

γραμματοκιβώτιο

kuti postare

πινακίδα δρόμου

sinjalistikë rrugore

παρκόμετρο

kohëmatës parkimi

ζωολογικός κήπος

kopsht zoologjik

πισίνα

pishinë

τζαμί

xhami

πόλη - qytet

αγρόκτημα
fermë

ρύπανση
ndotje

νεκροταφείο
varrezë

εκκλησία
kishë

παιδική χαρά
shesh lojërash

ναός
tempull

τοπίο
peisazh

φύλλο
gjethe

πινακίδα κατεύθυνσης
tabela orientuese

δρόμος
rrugë

λιβάδι
livadh

πέτρα
gurë

πεζοπόρος
ekskursionist

δέντρο
pemë

ποτάμι
lumë

χορτάρι
bar

λουλούδι
lule

κοιλάδα

luginë

λόφος

kodër

λίμνη

liqen

δάσος

pyll

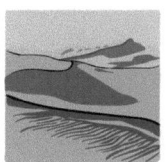

έρημος

shkretëtirë

ηφαίστειο

vullkan

κάστρο

kështjellë

ουράνιο τόξο

ylber

μανιτάρι

kepudhë

φοίνικας

palmë

κουνούπι

mushkonjë

μύγα

mizë

μυρμήγκι

milingonë

μέλισσα

bletë

αράχνη

merimangë

σκαθάρι

brumbull

βάτραχος

bretkosë

σκίουρος

ketër

σκαντζόχοιρος

iriq

λαγός

lepur

κουκουβάγια

buf

πουλί

zog

κύκνος

mjellmë

αγριογούρουνο

derr i egër

ελάφι

dre

άλκη

dre brilopatë

φράγμα

digë

ανεμογεννήτρια

turbinë ere

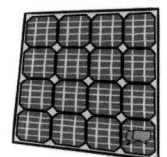

ηλιακός συλλέκτης

panel diellor

κλίμα

klimë

εστιατόριο
restorant

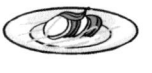

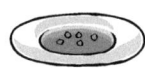

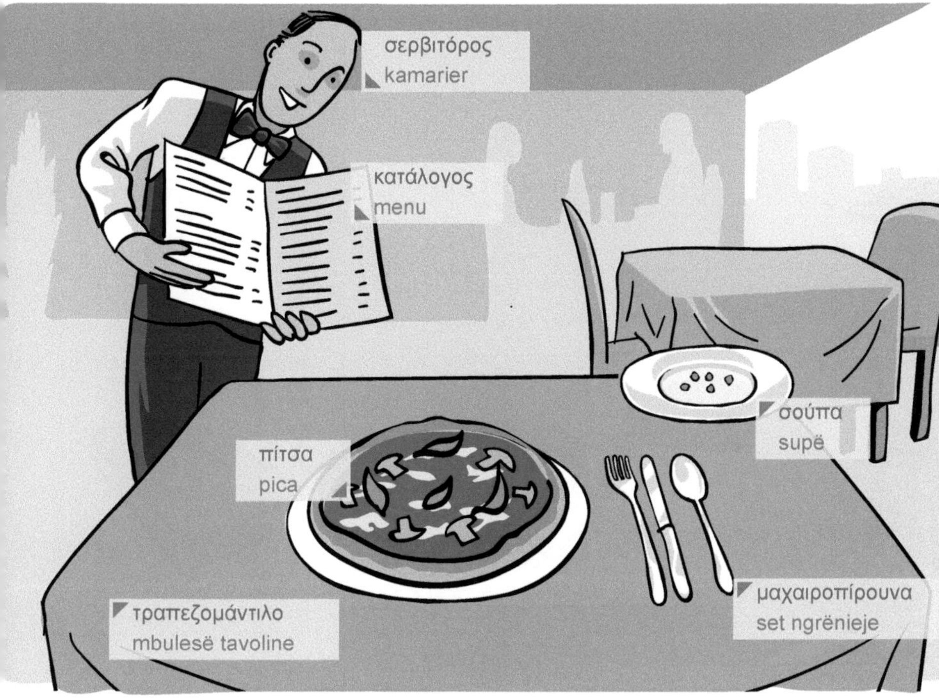

σερβιτόρος
kamarier
κατάλογος
menu
καρέκλα
karrige
σούπα
supë
πίτσα
pica
τραπεζομάντιλο
mbulesë tavoline
μαχαιροπίρουνα
set ngrënieje

ορεκτικό

pjatë e parë

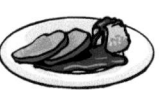

κύριο πιάτο

pjatë kryesore

επιδόρπιο

ëmbëlsirë

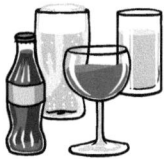

ποτά

pije

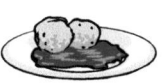

φαγητό

ushqim

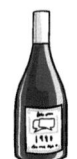

μπουκάλι

shishe

φαστ φουντ

ushqim i shpejtë

φαγητό στ' όρθιο

ushqim i shërbyer në rrugë

τσαγιέρα

ibrik çaji

δοχείο ζάχαρης

kuti sheqeri

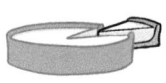

μερίδα

racion

μηχανή εσπρέσο

makinë kafeje ekspres

ψηλή καρέκλα

karrige e lartë

λογαριασμός

faturë

δίσκος

tabaka

μαχαίρι

thika

πιρούνι

pirun

κουτάλι

lugë

κουταλάκι του τσαγιού

lugë çaji

πετσέτα φαγητού

pecetë

ποτήρι

gotë

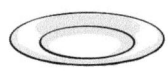

πιάτο
pjatë

πιάτο σούπας
pjatë supe

πιατάκι φλιτζανιού
pjatë filxhani

σάλτσα
salcë

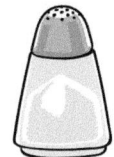

αλατιέρα
mbajtëse kripe

μύλος για πιπέρι
mulli piperi

ξύδι
uthull

λάδι
vaj

μπαχαρικά
erëza

κέτσαπ
keçap

μουστάρδα
mustardë

μαγιονέζα
majonezë

σούπερ μάρκετ
supermarket

προσφορά
ofertë speciale
FOR
πελάτης
klient
γαλακτοκομικά προϊόντα
produkte bulmeti
φρούτα
frut
καρότσι για ψώνια
karrocë pazari

BUTCHERS

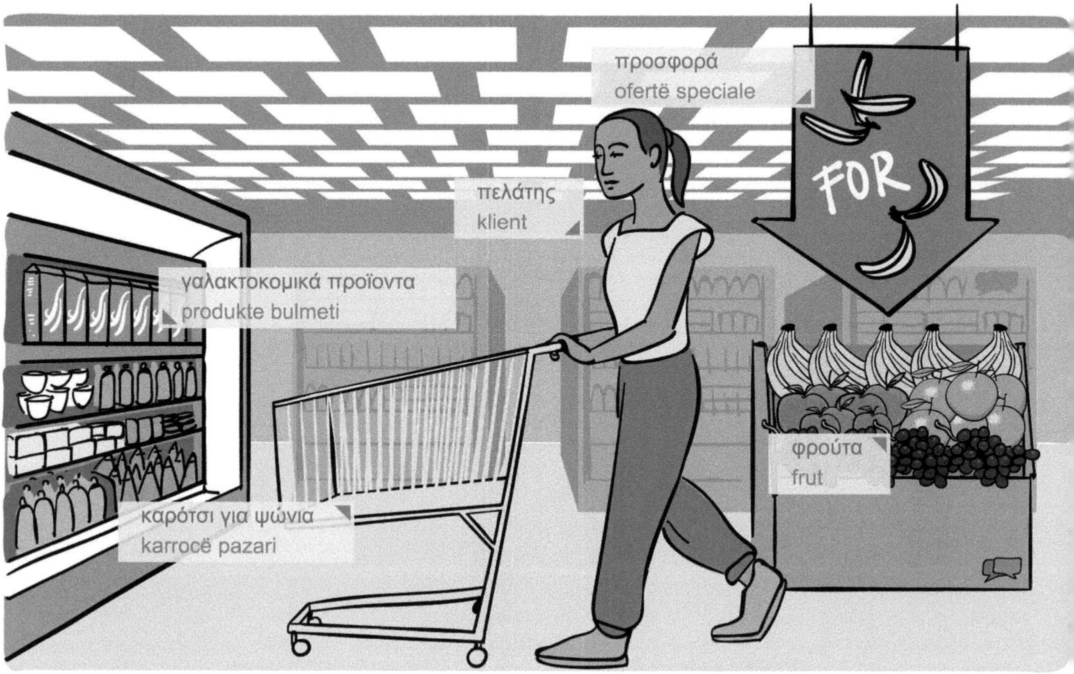

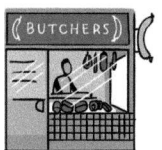

κρεοπωλείο

dyqan mishi

BAKERY

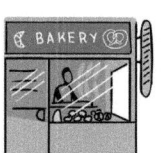

φούρνος

furrë buke

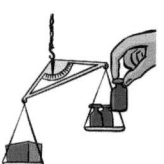

ζυγίζω

peshoj

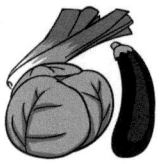

λαχανικά

perime

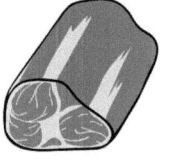

κρέας

mish

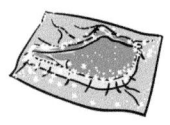

κατεψυγμένα τρόφιμα

ushqim i ngrirë

αλλαντικά
copë

κονσερβοποιημένη τροφή
ushqim i konservuar

απορρυπαντικό ρούχων
pluhur larës

γλυκά
ëmbëlsirat

οικιακά είδη
prodhime shtëpie

καθαριστικά προϊόντα
produkte pastrimi

πωλήτρια
shitëse

ταμείο
kasë fiskale

ταμίας
arkëtar

λίστα για ψώνια
listë blerjeje

ωράριο λειτουργίας
oraret e punës

πορτοφόλι
portofol

πιστωτική κάρτα
kartë krediti

τσάντα
çantë

πλαστική σακούλα
qese plastike

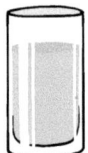

νερό

ujë

χυμός

lëng frutash

γάλα

qumësht

κόκα κόλα

koka-kola

κρασί

verë

μπίρα

birrë

αλκοόλ

alkool

κακάο

kakao

τσάι

çaj

καφές

kafe

εσπρέσο

kafe ekspres

καπουτσίνο

kapuçino

μπανάνα

banane

μήλο

mollë

πορτοκάλι

portokalle

πεπόνι

pjepër

λεμόνι

limon

καρότο

karrotë

σκόρδο

hudhër

μπαμπού

bambu

κρεμμύδι

qepë

μανιτάρι

kërpudha

ξηροί καρποί

arra

νουντλς

makarona

μακαρόνια

spageti

ρύζι

oriz

σαλάτα

sallatë

πατατάκια

patate të skuqura

τηγανητές πατάτες

patate të skuqura

πίτσα

pica

χάμπουργκερ

hamburger

σάντουιτς

sanduiç

κοτολέτα

shnicel

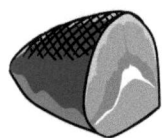

ζαμπόν

proshutë

σαλάμι

sallam

λουκάνικο

salçiçe

κοτόπουλο

pulë

ψητό

skuq

ψάρι

peshk

χυλός βρώμης

tërshërë

μούσλι

drithëra

κορν φλέικς

kornfleiks

αλεύρι

miell

κρουασάν

kruasant

ψωμάκι

panine

ψωμί

bukë

τοστ

tost

μπισκότα

biskotë

βούτυρο

gjalp

τυρόπηγμα

gjizë

κέικ

tortë

αυγό

vezë

τηγανητό αυγό

vezë sy

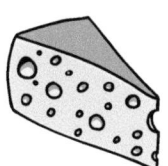

τυρί

djathë

φαγητό - ushqim

παγωτό

akullore

ζάχαρη

sheqer

μέλι

mjaltë

μαρμελάδα

marmaladë

άλλειμμα σοκολάτας

çokokrem

κάρυ

këri

αγρόκτημα
fermë

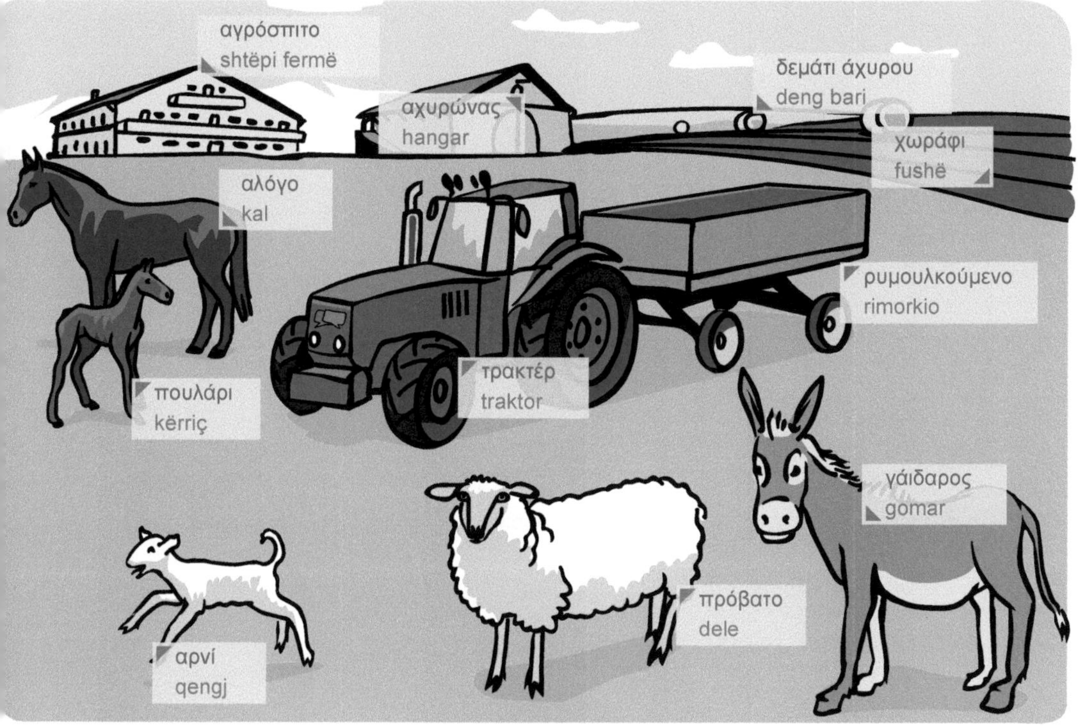
αγρόσπιτο
shtëpi fermë
αχυρώνας
hangar
δεμάτι άχυρου
deng bari
χωράφι
fushë
αλόγο
kal
ρυμουλκούμενο
rimorkio
πουλάρι
kërriç
τρακτέρ
traktor
γάιδαρος
gomar
πρόβατο
dele
αρνί
qengj

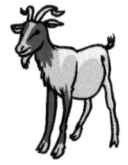

κατσίκα

dhi

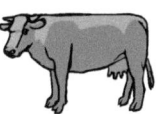

αγελάδα

lopë

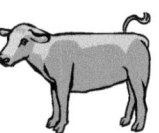

μοσχαράκι

viç

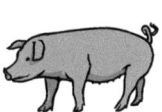

γουρούνι

derr

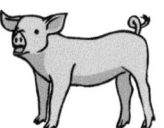

γουρουνάκι

derrkuc

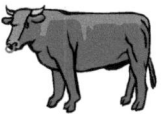

ταύρος

dem

χήνα

patë

πάπια

rosë

κοτοπουλάκι

zog pule

κότα

pulë

κόκορας

gjel

αρουραίος

mi

γάτα

mace

ποντίκι

mi

βόδι

buall

σκύλος

qen

σπιτάκι σκύλου

kolibe qeni

λάστιχο κήπου

zorrë vaditëse

ποτιστήρι

vaditëse

θεριστήρι

kosë

αλέτρι

plug

αγρόκτημα - fermë

δρεπάνι

drapër

τσάπα

shat

δίκρανο

kosa

τσεκούρι

sëpatë

χειράμαξα

karrocë

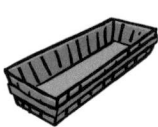

ταΐστρα

govatë

δοχείο γάλακτος

bidon qumështi

σάκος

thes

φράχτης

gardh

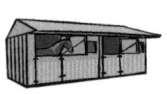

στάβλος

ahur

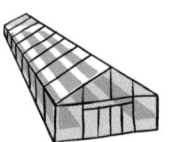

θερμοκήπιο

serë

έδαφος

dhe

σπόρος

farë

λίπασμα

pleh

θεριζοαλωνιστική μηχανή

autokombanjë

αγρόκτημα - fermë

θερίζω

korr

συγκομιδή

te korrat

γιαμς

patate e ëmbël "Yam"

σιτάρι

grurë

σόγια

soja

πατάτα

patate

καλαμπόκι

misër

κράμβη

raps

οπωροφόρο δέντρο

pemë frutore

μανιόκα

zhardhok manioku

δημητριακά

drithëra

σπίτι

shtëpi

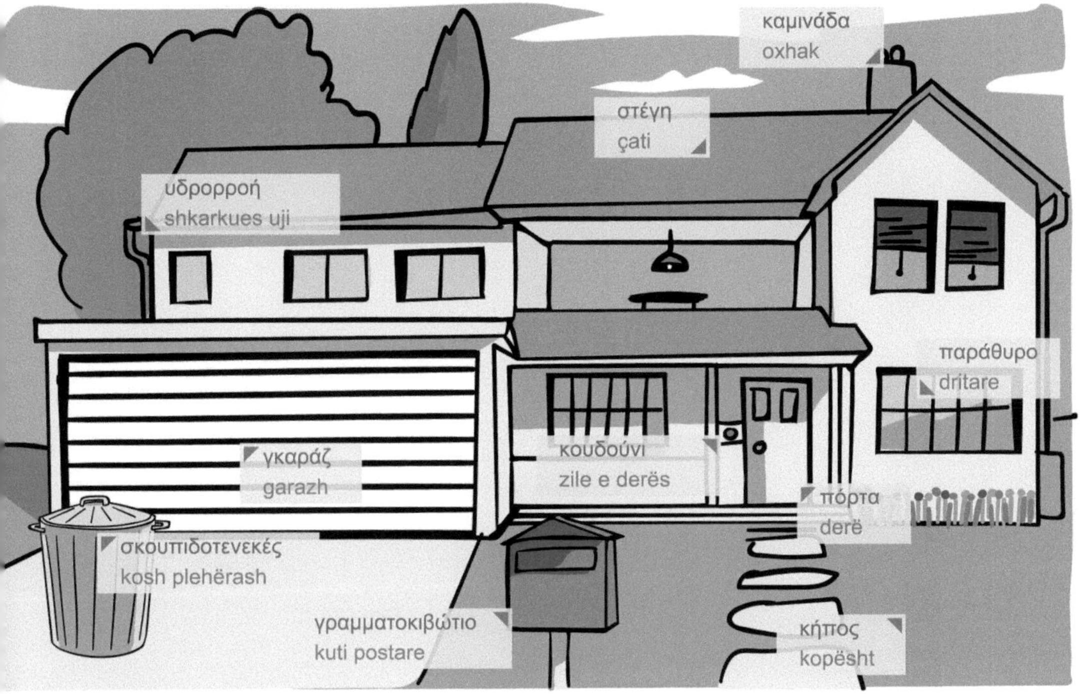

καμινάδα
oxhak
στέγη
çati
υδρορροή
shkarkues uji
παράθυρο
dritare
γκαράζ
garazh
κουδούνι
zile e derës
πόρτα
derë
σκουπιδοτενεκές
kosh plehërash
γραμματοκιβώτιο
kuti postare
κήπος
kopësht

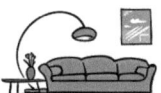

σαλόνι

dhomë ndenjeje

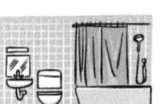

μπάνιο

tualet

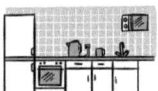

κουζίνα

kuzhinë

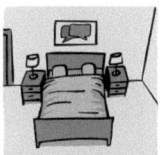

υπνοδωμάτιο

dhomë gjumi

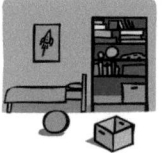

παιδικό δωμάτιο

dhomë fëmijësh

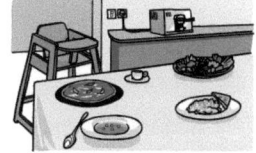

τραπεζαρία

dhomë ngrënieje

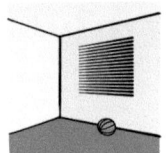

πάτωμα

dysheme

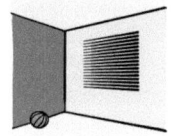

τοίχος

mur

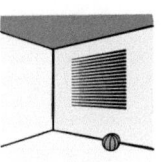

οροφή

tavan

κελάρι

bodrum

σάουνα

sauna

μπαλκόνι

ballkon

βεράντα

tarracë

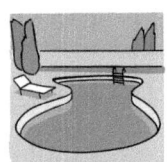

πισίνα

pishinë

μηχανή του γκαζόν

kositëse bari

σεντόνι

çarçaf

κάλυμμα κρεβατιού

kuvertë

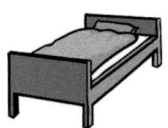

κρεβάτι

krevat

σκούπα

fshesë dore

κουβάς

kovë

διακόπτης

çelës

σαλόνι
dhomë ndenjeje

ταπετσαρία
tapiceri
φωτογραφία
fotografi
λάμπα
llambë
ράφι
raft
ντουλάπι
dollap
τηλεόραση
pajisje televizive
τζάκι
vatër
λουλούδι
lule
μαξιλάρι
jastëk
καναπές
divan
βάζο
vazo
τηλεκοντρόλ
telekomandë

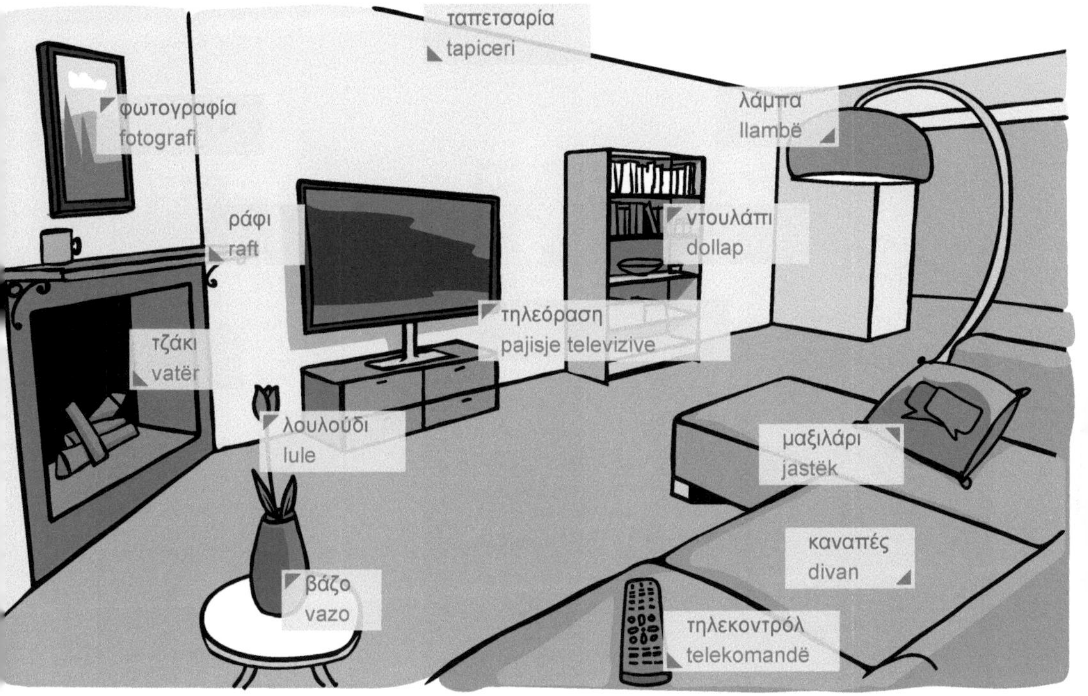

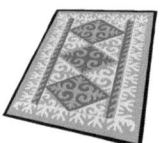

χαλί

qilim

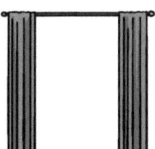

κουρτίνα

perde

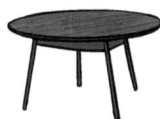

τραπέζι

tavolinë

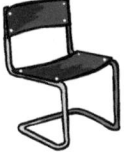

καρέκλα

karrige

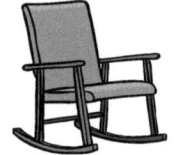

κουνιστή πολυθρόνα

karrige lëkundëse

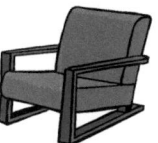

πολυθρόνα

kolltuk

βιβλίο

libri

κουβέρτα

batanije

διακόσμηση

zbukurime

καυσόξυλα

dru zjarri

ταινία

film

στερεοφωνικό σύστημα

stereo

κλειδί

çelës

εφημερίδα

gazetë

πίνακας ζωγραφικής

pikturë

αφίσα

afishe

ραδιόφωνο

radio

σημειωματάριο

bllok shënimesh

ηλεκτρική σκούπα

fshesë me korent

κάκτος

kaktus

κερί

qiri

σαλόνι - dhomë ndenjeje

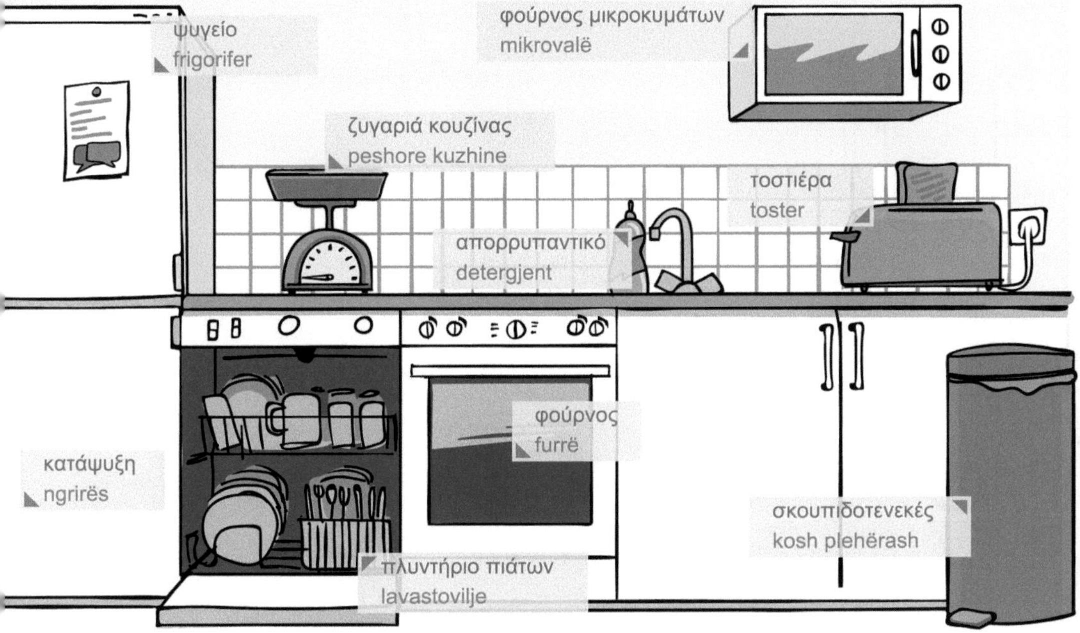

ψυγείο
frigorifer

φούρνος μικροκυμάτων
mikrovalë

ζυγαριά κουζίνας
peshore kuzhine

τοστιέρα
toster

απορρυπαντικό
detergjent

κατάψυξη
ngrirës

φούρνος
furrë

σκουπιδοτενεκές
kosh plehërash

πλυντήριο πιάτων
lavastovilje

κουζίνα

sobë

κατσαρόλα

tenxhere

μαντεμένια κατσαρόλα

tenxhere me kapak

γουόκ/καντάι

tigan special (Wok)

τηγάνι

tigan

βραστήρας

çajnik

ατμομάγειρας

tenxhere me avull

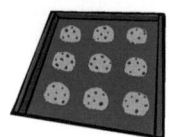

ταψί

tavë pjekjeje

πιατικά

enë

κούπα

filxhan

μπολ

tas

ξυλάκια

shkopinj

κουτάλα

garuzhde

σπάτουλα

spatul

ανακατεύω

tel kuzhine

σουρωτήρι

kulluese

σουρωτηράκι

sitë

τρίφτης

rende

γουδί

havan

ψησταριά

skarë

ανοιχτή φωτιά

zjarr

σανίδα κοπής

dërrasë për prerje

πλάστης

okllai

ανοιχτήρι φελλών

heqëse tapash

κονσέρβα

kanaçe

ανοιχτήρι κονσέρβας

hapëse kanaçeje

γάντι φούρνου

rrobë për të kapur
tenxheren

νεροχύτης

lavaman

βούρτσα

furçë

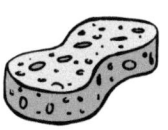

σφουγγάρι

sfungjer

μπλέντερ

përzjerës

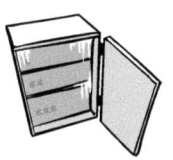

καταψύκτης

ngrirës

μπιμπερό

biberon për lëngje

βρύση

rubinet

κουζίνα - kuzhinë

μπάνιο
tualet

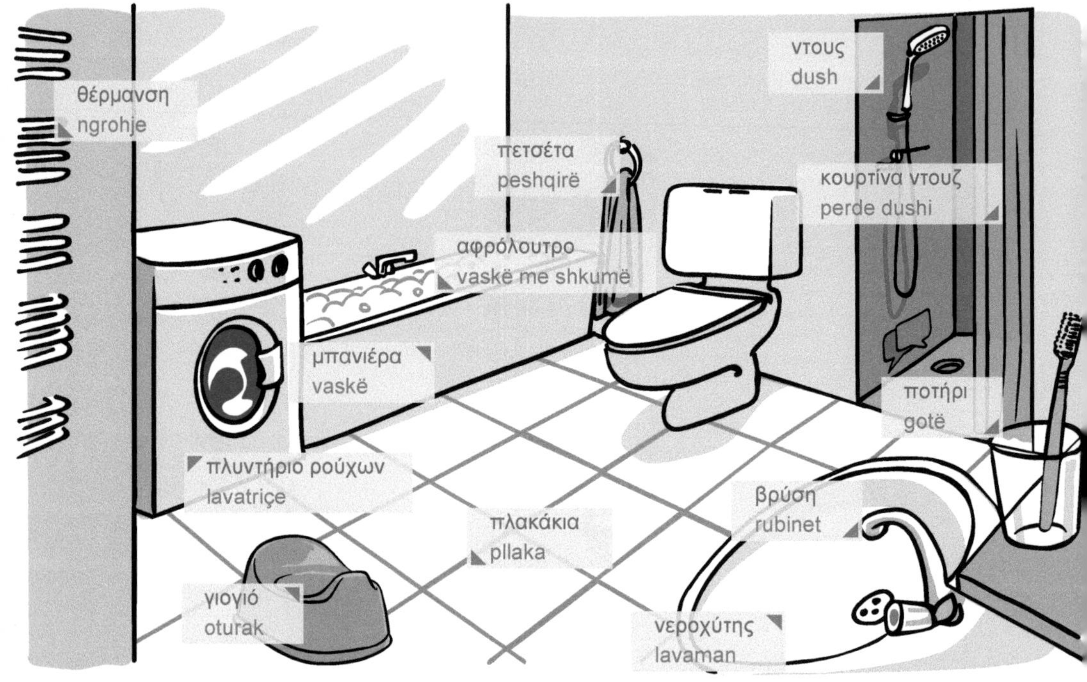

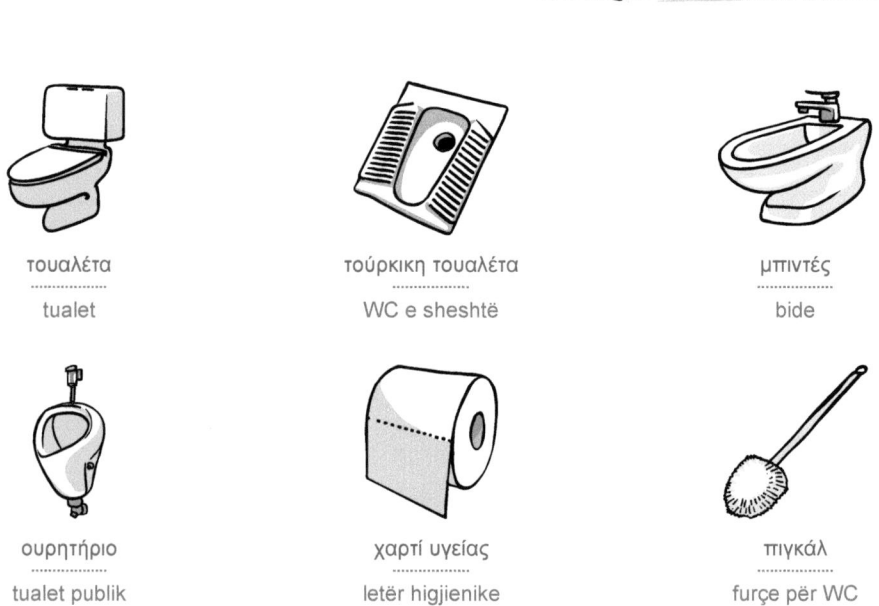

θέρμανση
ngrohje
ντους
dush
πετσέτα
peshqirë
κουρτίνα ντουζ
perde dushi
αφρόλουτρο
vaskë me shkumë
μπανιέρα
vaskë
ποτήρι
gotë
πλυντήριο ρούχων
lavatriçe
βρύση
rubinet
πλακάκια
pllaka
γιογιό
oturak
νεροχύτης
lavaman

τουαλέτα

tualet

τούρκικη τουαλέτα

WC e sheshtë

μπιντές

bide

ουρητήριο

tualet publik

χαρτί υγείας

letër higjienike

πιγκάλ

furçe për WC

οδοντόβουρτσα

furçë dhëmbësh

οδοντόκρεμα

pastë dhëmbësh

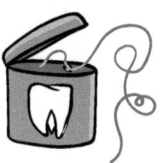

οδοντικό νήμα

fije dentare

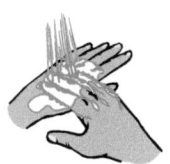

πλένω

laj

τηλέφωνο ντους

dorezë dushi

ντουσιέρα

larës për zonën intime

λεκάνη

legen

βούρτσα πλάτης

furçë për masazh shpine

σαπούνι

sapun

αφρόλουτρο

shampo trupi

σαμπουάν

shampo

φανέλα

leckë pastruese

σιφόνι

kullues

κρέμα

krem

αποσμητικό

antidjersë

καθρέφτης

pasqyrë

καθρέφτης χειρός

pasqyrë dore

ξυραφάκι

brisk rroje

αφρός ξυρίσματος

shkumë rroje

αφτερσέιβ

locion pas rrojes

χτένα

krehër

βούρτσα

furçë

σεσουάρ

tharëse flokësh

λακ

llak për flokët

μακιγιάζ

grim

κραγιόν

buzëkuq

βερνίκι νυχιών

manikyr

βαμβάκι

mbushje pambuku

ψαλίδι νυχιών

gërshërë për thonj

άρωμα

parfum

νεσεσέρ

çantë për sendet personale

σκαμπό

Stol

ζυγαριά

peshore

μπουρνούζι

robëdëshambër

ελαστικά γάντια

dorashka gome

ταμπόν

tampon

πετσέτα υγιεινής

peceta higjienike

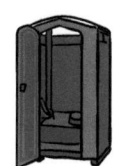

χημική τουαλέτα

tualet I lëvizshëm

παιδικό δωμάτιο
dhomë fëmijësh

ξυπνητήρι
orë me zile
λούτρινο ζωάκι
lodra me pellushë
αυτοκινητάκι
makinë lodër
κουδουνίστρα
rraketake
κουκλόσπιτο
shtëpi kukullash
δώρο
dhuratë

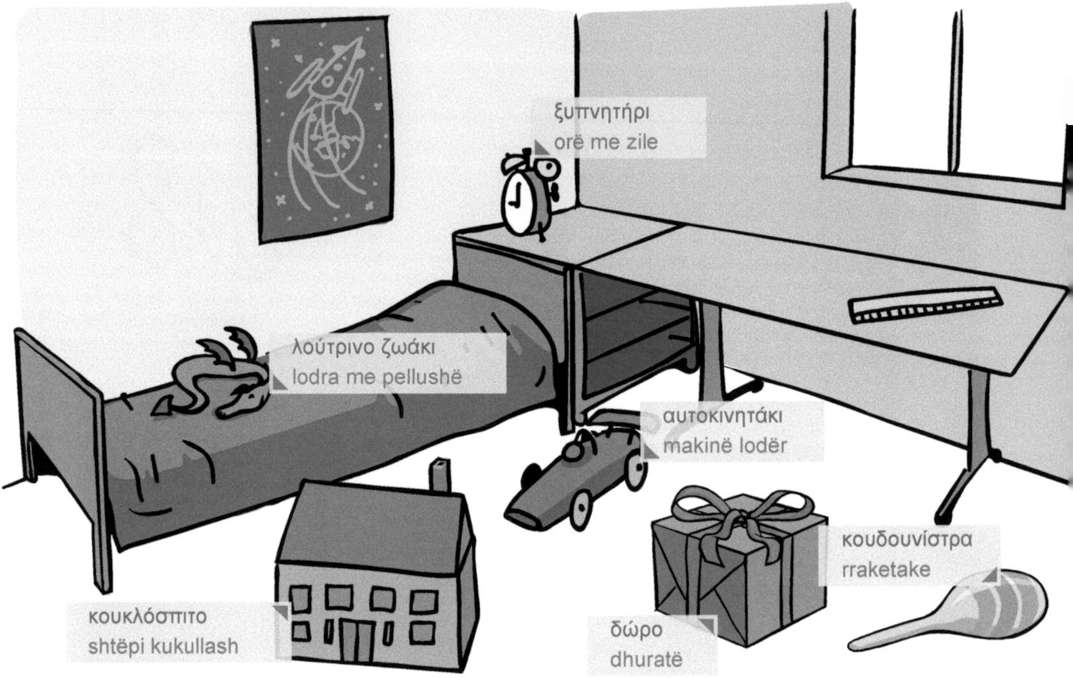

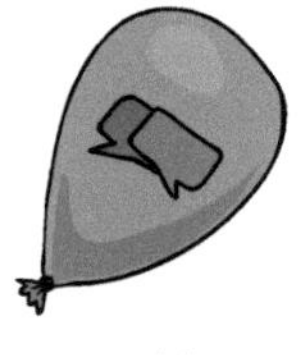

μπαλόνι

tollumbace

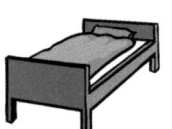

κρεβάτι

krevat

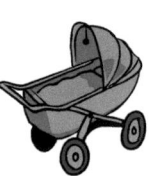

καροτσάκι

karrocë fëmijësh

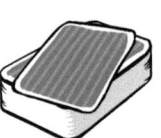

τράπουλα

lojë me letra

παζλ

bashkim pjesësh me figura

SUPER
MEGA

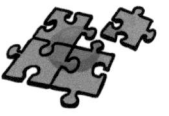

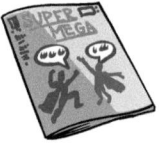

κόμικς

komik

τουβλάκια lego

formuese lodër

τουβλάκια κατασκευών

kuba plastikë

φιγούρα δράσης

lodra

βρεφικό φορμάκι

badi

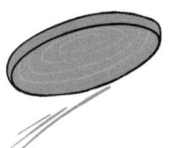

φρίσμπι

frizbi

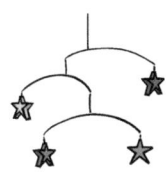

μόμπιλο

lodra të varura tek krevati i fëmijëve

επιτραπέζιο παιχνίδι

tavolinë lojërash

ζάρια

zare

σετ τρενάκι

model treni

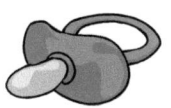

πιπίλα

biberon

πάρτι

festë

εικονογραφημένο βιβλίο

libër me ilustrime

μπάλα

top

κούκλα

kukull

παίζω

luaj

παιδικό δωμάτιο - dhomë fëmijësh

σκάμμα με άμμο

grumbull rëre

κούνια

kolovarëse

παιχνίδια

lodra

κονσόλα βιντεοπαιχνιδιών

leva për lojra video

τρίκυκλο

triçikël

αρκουδάκι

arush prej pellushi

ντουλάπα

garderobë

ρούχα

veshje

κάλτσες

çorape

καλτσοδέτες

çorape të gjata

καλσόν

geta

κασκόλ
shall

ομπρέλα
çadër

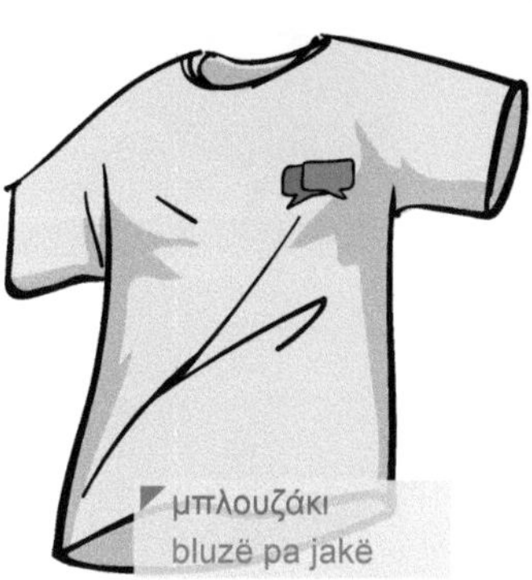

ζώνη
rrip

μπλουζάκι
bluzë pa jakë

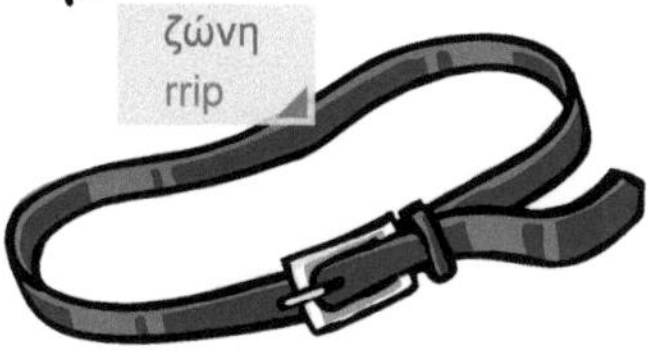

μπότες
çizme

παντόφλες
pantofla

αθλητικά παπούτσια
atlete

σανδάλια
sandale

παπούτσια
këpucë

γαλότσες
çizme llastiku

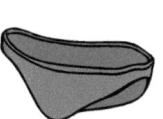

εσώρουχο
të mbathura

σουτιέν
reçipeta

φανέλα
kanotierë

ρούχα - veshje

σώμα

trup

παντελόνι

pantallona

τζιν παντελόνι

xhinse

φούστα

fund

μπλούζα

bluzë

πουκάμισο

këmishë

πουλόβερ

pulovër

πουλόβερ

triko

σακάκι

xhaketë

μπουφάν

xhaketë

παλτό

pallto

αδιάβροχο πανωφόρι

mushama shiu

κοστούμι

kostum

φόρεμα

fustan

νυφικό

fustan nusërie

κοστούμι

kostum

νυχτικό

këmishë nate

πιτζάμες

pizhama

σάρι

sari (veshje tradicionale indiane)

μαντήλι

shami koke

τουρμπάνι

çallmë

μπούρκα

veshje për femrat e besimit musliman

καφτάνι

kaftan (lloj veshjeje tradicionale)

μουσουλμανικό ένδυμα

ferexhe

ολόσωμο μαγιό

kostum banje

ανδρικό μαγιό

rroba banje

σορτς

pantallona të shkurtra

αθλητική φόρμα

tuta sporti

ποδιά

përparëse

γάντια

dorashka

ρούχα - veshje

κουμπί

kopsë

γυαλιά

syze

βραχιόλι

byzylyk

περιδέραιο

gjerdan

δαχτυλίδι

unazë

σκουλαρίκι

vath

καπέλο

kapuç

κρεμάστρα

varëse për pallto

καπέλο

kapele

γραβάτα

kravatë

φερμουάρ

zinxhir

κράνος

helmetë

τιράντες

tiranda

μαθητική στολή

uniformë shkolle

στολή

uniformë

σαλιάρα
gushore

πιπίλα
biberon

πάνα
pelenë

γραφείο
zyrë

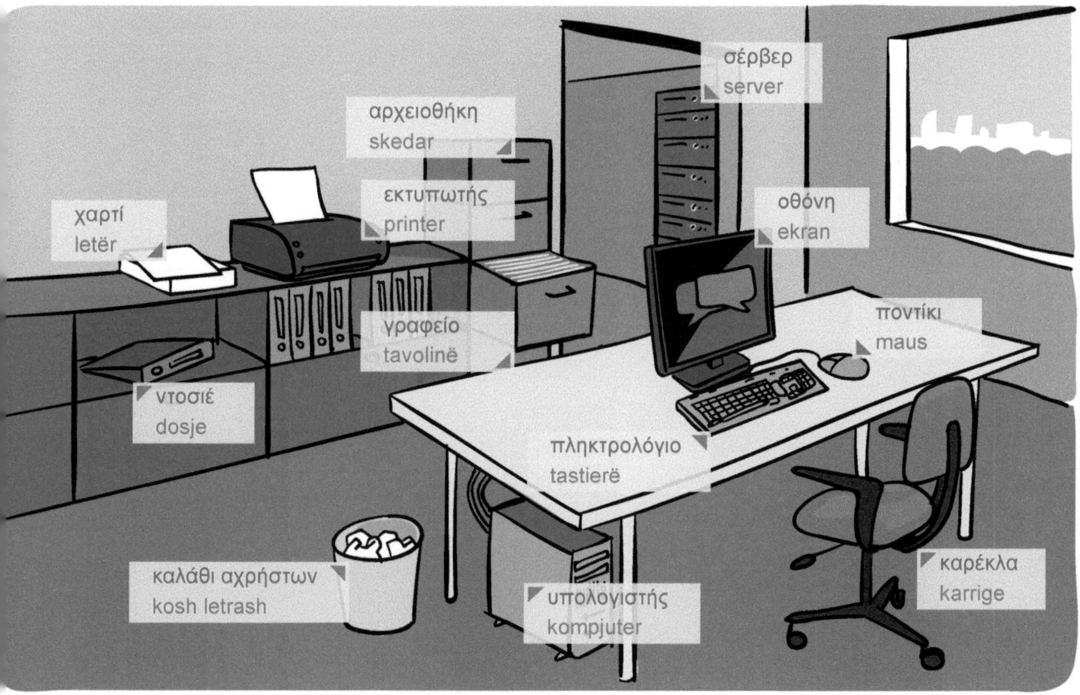

σέρβερ
server

αρχειοθήκη
skedar

εκτυπωτής
printer

οθόνη
ekran

χαρτί
letër

γραφείο
tavolinë

ποντίκι
maus

ντοσιέ
dosje

πληκτρολόγιο
tastierë

καλάθι αχρήστων
kosh letrash

καρέκλα
karrige

υπολογιστής
kompjuter

κούπα του καφέ

filxhan kafeje

κομπιουτεράκι

makinë llogaritëse

ίντερνετ

internet

λάπτοπ

kompjuter portativ

γράμμα

letër

μήνυμα

mesazh

κινητό

telefon

δίκτυο

rrjet

φωτοτυπικό μηχάνημα

fotokopje

λογισμικό

program

τηλέφωνο

telefon

πρίζα

prizë

συσκευή φαξ

pajisje faksi

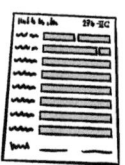

έντυπο

formular

έγγραφο

dokument

αγοράζω
blej

πληρώνω
paguaj

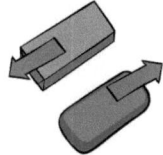

συναλλάσσομαι
tregtoj

χρήματα
para

δολάριο
dollar

ευρώ
euro

γιεν
jen

ρούβλι
rubla

ελβετικό φράγκο
franga zvicerane

ρενμίνμπι γιουάν
juani kinez

ρουπία
rupje

ΑΤΜ (αυτόματη ταμειακή μηχανή)
bankomat

ανταλλακτήρια
συναλλάγματος

pikë këmbimi valutor

χρυσός

ar

ασήμι

argjend

πετρέλαιο

nafta

ενέργεια

energji

τιμή

çmim

συμβόλαιο

kontratë

φόρος

taksë

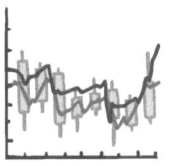

μετοχή

aksione

δουλεύω

punoj

υπάλληλος

punonjës

εργοδότης

punëdhënës

εργοστάσιο

fabrikë

κατάστημα

dyqan

επαγγέλματα
profesionet

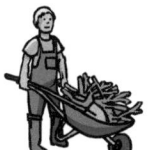

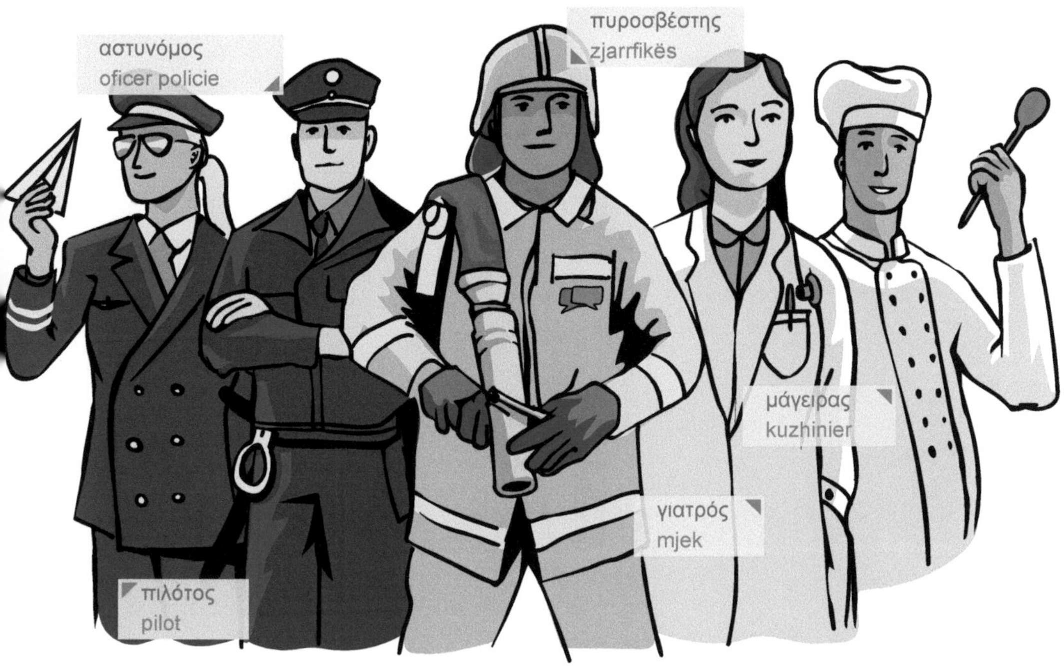
αστυνόμος
oficer policie
πυροσβέστης
zjarrfikës
μάγειρας
kuzhinier
γιατρός
mjek
πιλότος
pilot

κηπουρός

kopshtar

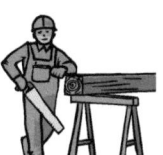

ξυλουργός

marangoz

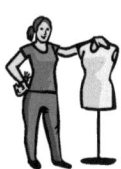

μοδίστρα

rrobaqepëse

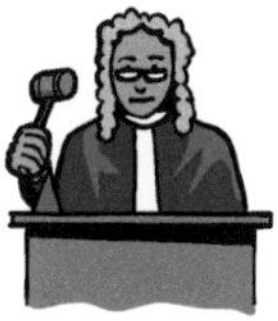

δικαστής

gjykatës

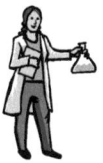

χημικός

kimist

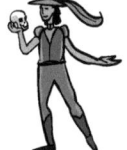

ηθοποιός

aktor

οδηγός λεωφορείου

shofer autobuzi

ταξιτζής

taksist

ψαράς

peshkatar

καθαρίστρια

pastruese

τεχνίτης στεγών

riparues çatish

σερβιτόρος

kamarier

κυνηγός

gjuetar

ζωγράφος

piktor

αρτοποιός

furrxhi

ηλεκτρολόγος

elektriçist

οικοδόμος

ndërtues

μηχανολόγος

inxhinier

κρεοπώλης

kasap

υδραυλικός

hidraulik

ταχυδρόμος

postieri

στρατιώτης

ushtar

αρχιτέκτονας

arkitekt

ταμίας

arkëtar

ανθοπώλης

luleshitës

κομμωτής

berber

ελεγκτής εισιτηρίων

kontrollor

μηχανικός

mekanik

καπετάνιος

kapiten

οδοντίατρος

dentist

επιστήμονας

shkencëtar

ραβίνος

rabin

ιμάμης

imam

μοναχός

murg

ιερέας

klerik

εργαλεία
mjete

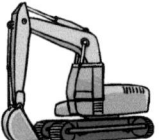

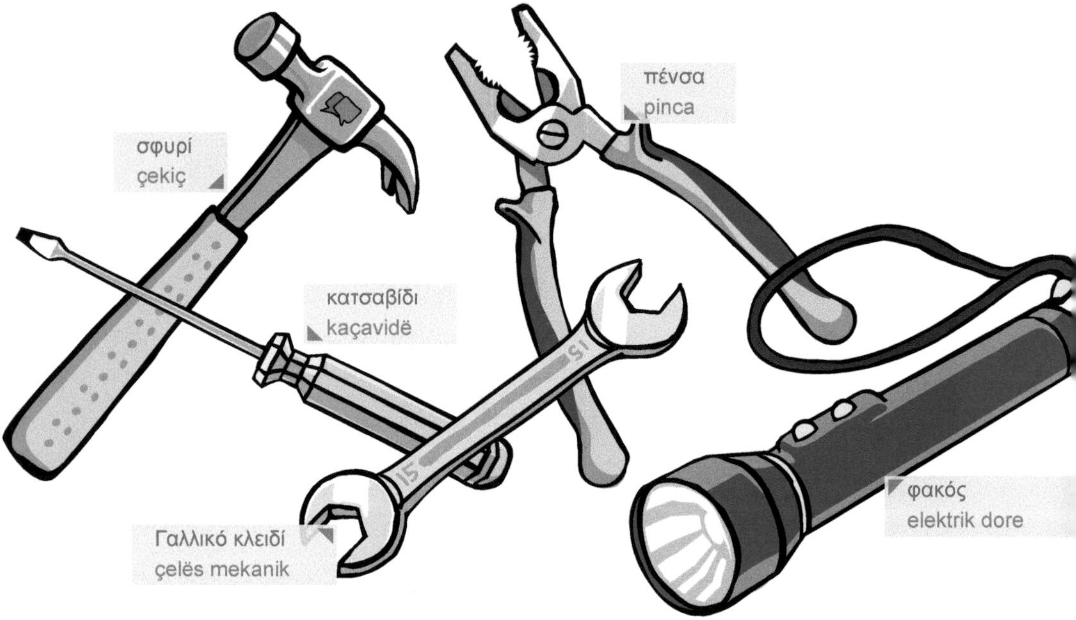

σφυρί
çekiç
πένσα
pinca
κατσαβίδι
kaçavidë
φακός
elektrik dore
Γαλλικό κλειδί
çelës mekanik

εκσκαφέας

ekskavator

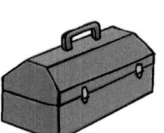

εργαλειοθήκη

kuti veglash

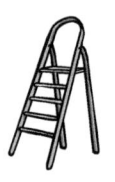

σκάλα

shkallë

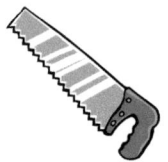

πριόνι

sharrë

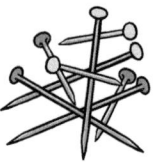

καρφιά

gozhdë

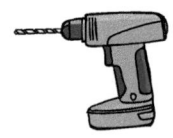

τρυπάνι

trapan

επισκευάζω

riparoj

φτυάρι

lopatë

Να πάρει!

Dreq!

φαράσι

kaci

δοχείο χρωμάτων

kuti boje

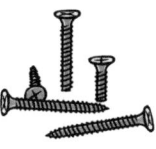

βίδες

vidhë

μουσικά όργανα
instrumenta muzikorë

ντραμς
bateri

μεγάφωνο
altoparlant

κιθάρα
kitare

κοντραμπάσο
kontrabas

τρομπέτα
trompë

πιάνο

piano

βιολί

violinë

μπάσο

bas

τύμπανα

tамburë

τύμπανο

daulle

πλήκτρα

tastierë pianoje

σαξόφωνο

saksofon

φλάουτο

flaut

μικρόφωνο

mikrofon

ζωολογικός κήπος
kopsht zoologjik

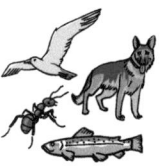

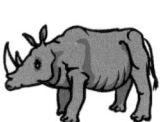

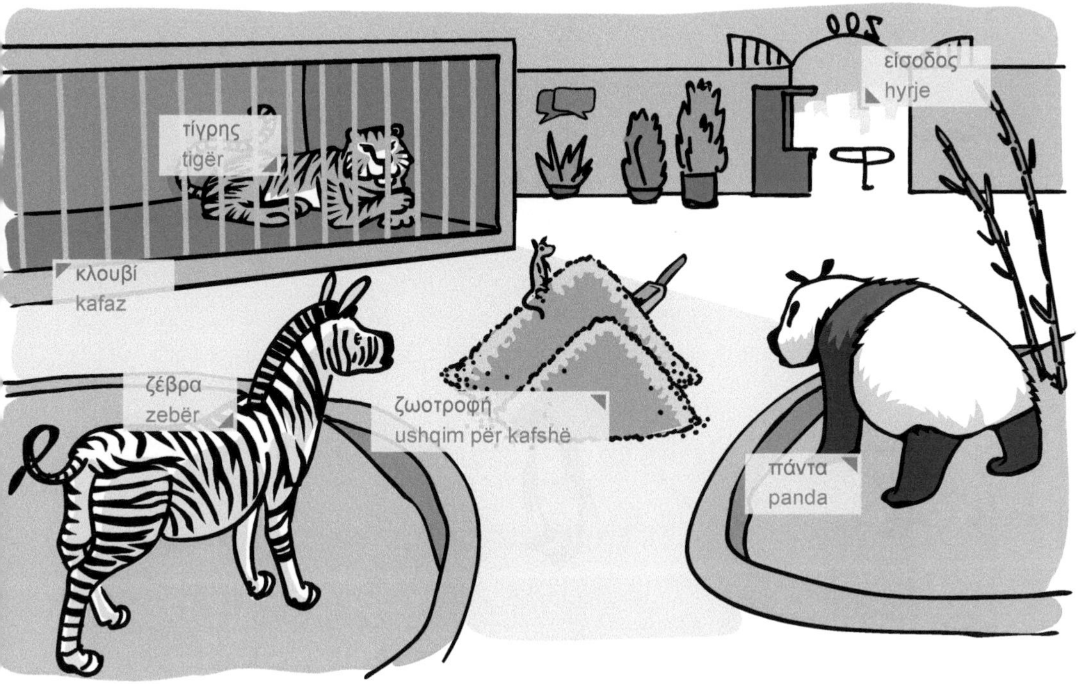
τίγρης
tigër
είσοδος
hyrje
κλουβί
kafaz
ζέβρα
zebër
ζωοτροφή
ushqim për kafshë
πάντα
panda

ζώα

kafshë

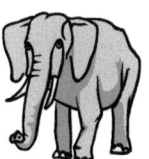

ελέφαντας

elefant

καγκουρό

kangur

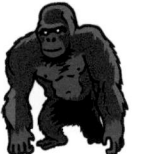

ρινόκερος

rinoceront

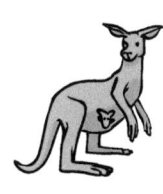

γορίλας

gorillë

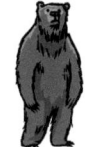

αρκούδα

ari

καμήλα

deve

στρουθοκάμηλος

struc

λιοντάρι

luan

πίθηκος

majmun

φλαμίνγκο

flamingo

παπαγάλος

papagall

πολική αρκούδα

ari polar

πιγκουίνος

pinguin

καρχαρίας

peshkaqen

παγώνι

pallua

φίδι

gjarpër

κροκόδειλος

krokodil

φύλακας ζωολογικού κήπου

punonjës i kopshtit zoologjik

φώκια

fokë

τζάγκουαρ

xhaguar

πόνυ

poni

λεοπάρδαλη

leopard

ιπποπόταμος

hipopotam

καμηλοπάρδαλη

gjirafë

αετός

shqiponjë

αγριογούρουνο

derr i egër

ψάρι

peshk

χελώνα

breshkë

θαλάσσιος ίππος

lopë deti

αλεπού

dhelpër

γαζέλα

gazelë

Αμερικάνικο ποδόσφαιρο
futboll amerikan

ποδηλασία
çiklizëm

αντισφαίριση
tenis

μπάσκετ
basketboll

κολύμβηση
not

πυγχαμία
boks

χόκεϋ επί πάγου
hokej mbi akull

ποδόσφαιρο
futboll

μπάντμιντον
badminton

στίβος
atletikë

χάντμπολ
hendboll

σκι
ski

πόλο
polo

δραστηριότητες
aktivitet

γελάω
qesh
πηδάω
hidhem
αγκαλιάζω
përqafoj
περπατάω
eci
τραγουδάω
këndoj
ονειρεύομαι
ëndërroj
προσεύχομαι
lutem
φιλάω
puth

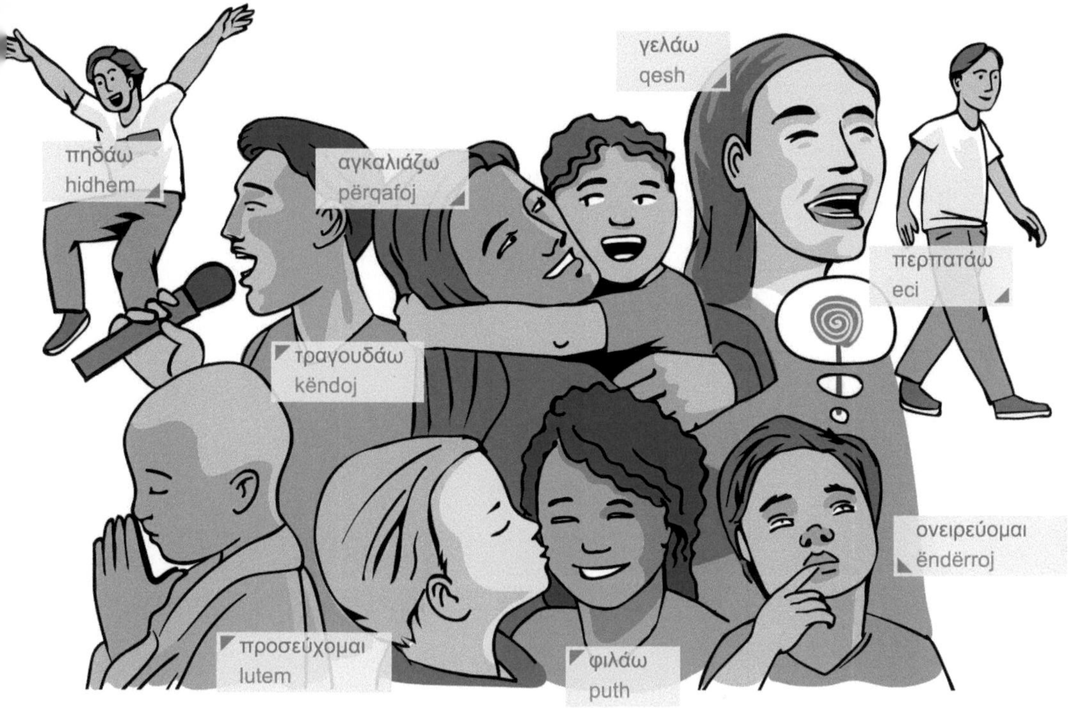

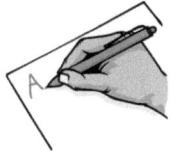

γράφω

shkruaj

σχεδιάζω

vizatoj

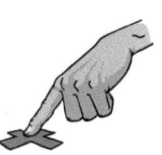

δείχνω

tregoj

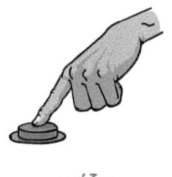

πιέζω

shtyj

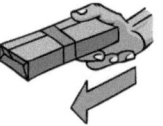

δίνω

jap

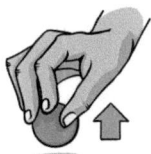

παίρνω

marr

έχω

kam

κάνω

bëj

είμαι

jam

στέκομαι

qëndroj

τρέχω

vrapoj

τραβάω

tërheq

ρίχνω

hedh

πέφτω

bie

ξαπλώνω

shtrihem

περιμένω

pres

κουβαλώ

mbaj

κάθομαι

ulem

φοράω

vishem

κοιμάμαι

fle

ξυπνάω

zgjohem

κοιτάω

shikoj

κλαίω

qaj

χαϊδεύω

përkëdhel

χτενίζω

kreh

μιλάω

bisedoj

καταλαβαίνω

kuptoj

ρωτάω

kërkoj

ακούω

dëgjoj

πίνω

pi

τρώω

ha

συγυρίζω

sistemoj

αγαπάω

dashuroj

μαγειρεύω

gatuaj

οδηγώ

drejtoj makinën

πετάω

fluturoj

κάνω ιστιοπλοΐα

lundroj

υπολογίζω

llogaris

διαβάζω

lexoj

μαθαίνω

mësoj

δουλεύω

punoj

παντρεύομαι

martohem

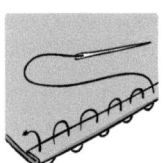

ράβω

qep

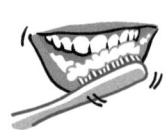

βουρτσίζω τα δόντια

laj dhëmbët

σκοτώνω

vras

καπνίζω

tymos

στέλνω

dërgoj

οικογένεια
familje

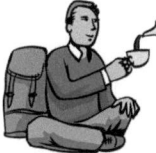

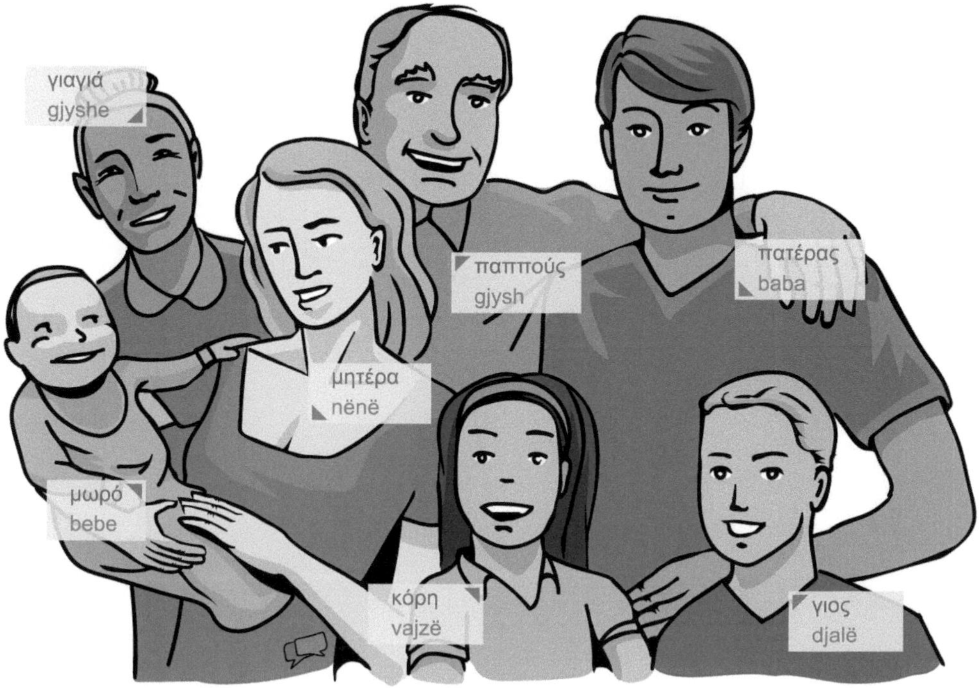

γιαγιά
gjyshe
παππούς
gjysh
πατέρας
baba
μητέρα
nënë
μωρό
bebe
κόρη
vajzë
γιος
djalë

καλεσμένος

mysafir

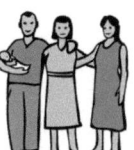

θεία

teze, hallë

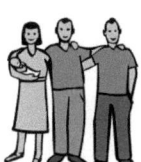

θείος

dajë, xhaxha

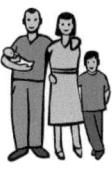

αδελφός

vëlla

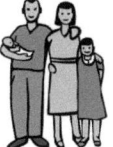

αδελφή

motër

σώμα

trupi

μέτωπο
balli
μάτι
syri
ώμος
shpatulla
δάχτυλο
gishti
πρόσωπο
fytyra
πιγούνι
mjekra
χέρι
dora
πόδι
këmba
στήθος
krahërori
βραχίονας
krahu

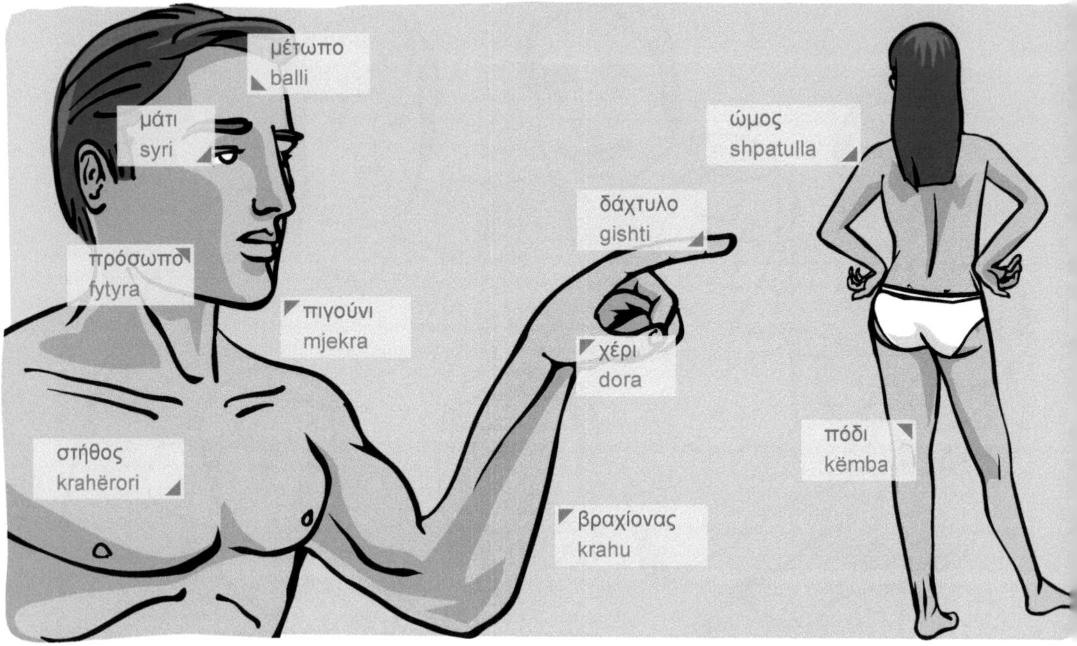

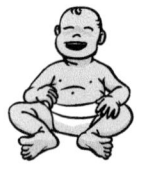

μωρό

bebe

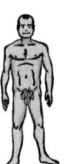

άνδρας

burrë

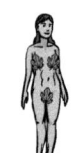

γυναίκα

grua

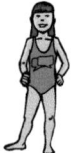

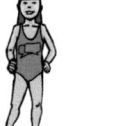

κορίτσι

vajzë

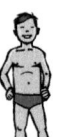

αγόρι

djalë

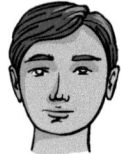

κεφάλι

koka

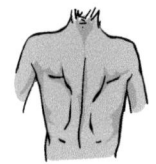

πλάτη

shpina

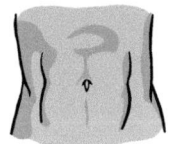

κοιλιά

barku

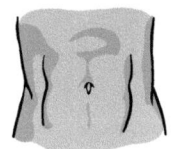

αφαλός

kërthiza

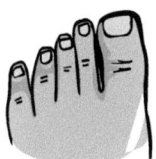

δάχτυλο ποδιού

gisht këmbe

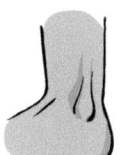

φτέρνα

Thembra

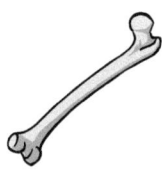

κόκκαλο

kockë

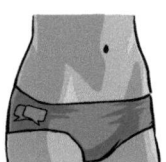

γοφός

legeni

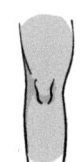

γόνατο

gjuri

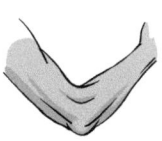

αγκώνας

bërryli

μύτη

hunda

γλουτός

vithe

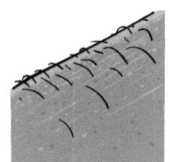

δέρμα

lëkura

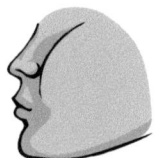

μάγουλο

faqja

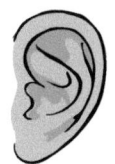

αυτί

veshi

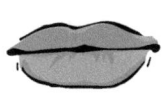

χείλος

buza

στόμα

goja

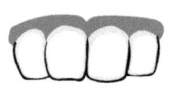

δόντι

dhëmbët

γλώσσα

gjuha

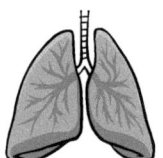

εγκέφαλος

truri

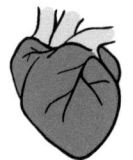

καρδιά

zemra

μυς

muskul

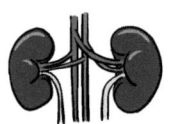

πνεύμονας

mushkëria

συκώτι

mëlçia

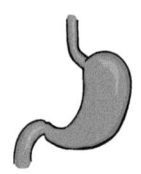

στομάχι

stomaku

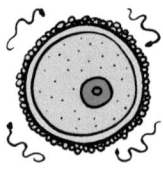

νεφρά

veshka

σεξουαλική επαφή

seks

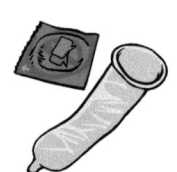

προφυλακτικό

prezervativ

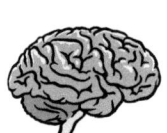

ωάριο

veza

σπέρμα

sperma

εγκυμοσύνη

shtatëzani

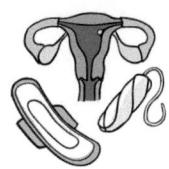

περίοδος

menstruacione

γυναικείος κόλπος

vagina

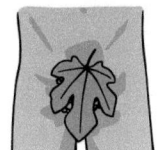

πέος

penis

φρύδι

vetulla

μαλλιά

flokët

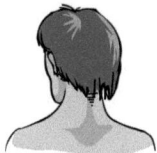

λαιμός

qafa

σώμα - trupi

νοσοκομείο

spital

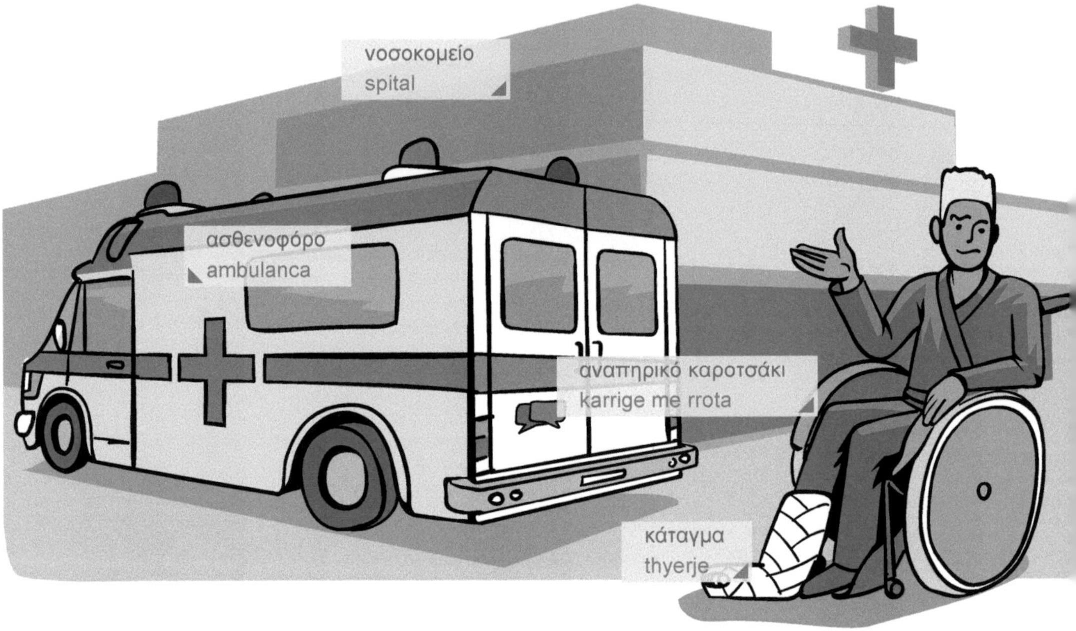

νοσοκομείο
spital
ασθενοφόρο
ambulanca
αναπηρικό καροτσάκι
karrige me rrota
κάταγμα
thyerje

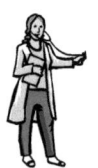

γιατρός

mjek

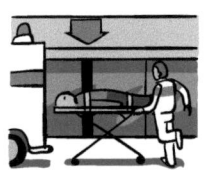

μονάδα εντατικής θεραπείας

sallë urgjencash

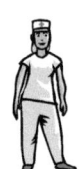

νοσοκόμα

infermiere

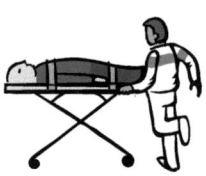

έκτακτη ανάγκη

emergjencë

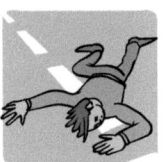

λιπόθυμος

i pandërgjegjshëm

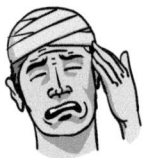

πόνος

dhimbje

τραύμα

dëmtim

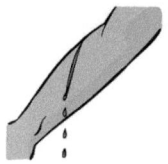

αιμορραγία

gjakosje

έμφραγμα

infarkt

εγκεφαλικό

goditje

αλλεργία

alergji

βήχας

kolla

πυρετός

ethe

γρίπη

grip

διάρροια

diarre

πονοκέφαλος

dhimbje koke

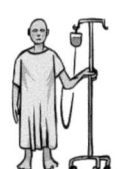

καρκίνος

kancer

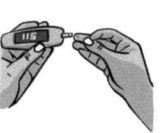

διαβήτης

diabet

χειρουργός

kirurg

νυστέρι

bisturi

εγχείρηση

operacion

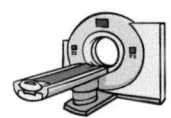

αξονική τομογραφία

CT (skaner)

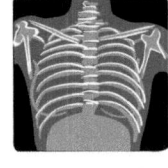

ακτινογραφία

radiografi

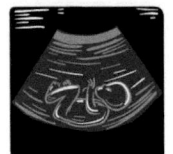

υπέρηχος

ultratingull

μάσκα

maskë fytyre

ασθένεια

sëmundje

αίθουσα αναμονής

dhomë pritjeje

πατερίτσα

paterica

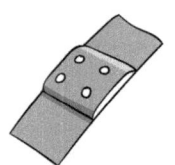

χάνσαπλαστ

leukoplast

επίδεσμος

fasho

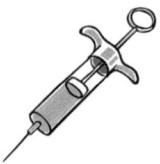

ένεση

injeksion

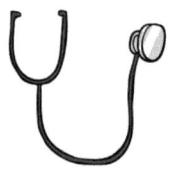

στηθοσκόπιο

stetoskop

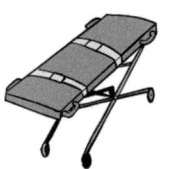

φορείο

barelë

θερμόμετρο

termometër

γέννηση

lindje

υπέρβαρο

mbipeshë

ακουστικό βαρηκοΐας

aparat dëgjimi

αντισηπτικό

dezinfektant

λοίμωξη

infeksion

ιός

virus

HIV/AIDS

HIV / AIDS

φάρμακο

mjekësi, mjekim

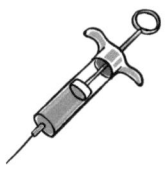

εμβολιασμός

vaksinim

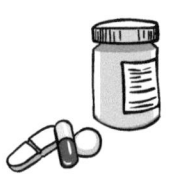

δισκία

tableta

χάπι

pilulë

κλήση έκτακτης ανάγκης

telefonatë emergjence

πιεσόμετρο αίματος

aparat tensioni

άρρωστος / υγιής

i sëmurë / i shëndetshëm

Βοήθεια!

Ndihmë!

συναγερμός

alarm

βιαιοπραγία

sulm

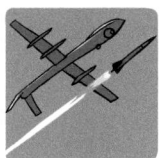

επίθεση

atak

κίνδυνος

rrezik

έξοδος κινδύνου

dalje emergjence

Φωτιά!

Zjarr!

πυροσβεστήρας

fikëse zjarri

ατύχημα

aksident

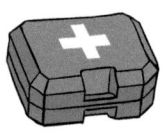

κουτί πρώτων βοηθειών

kuti e ndimës së shpejtë

SOS

SOS

αστυνομία

policia

Ευρώπη

Europa

Βόρεια Αμερική

Amerika e Veriut

Νότια Αμερική

Amerika e Jugut

Αφρική

Afrika

Ασία

Azia

Αυστραλία

Australia

Ατλαντικός Ωκεανός

Atlantiku

Ειρηνικός Ωκεανός

Paqësori

Ινδικός Ωκεανός

Oqeani Indian

Ανταρκτικός Ωκεανός

Oqeani Antarktik

Αρκτικός Ωκεανός

Oqeani Arktik

Βόρειος Πόλος

Poli i veriut

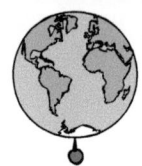

Νότιος Πόλος

Poli i Jugut

Ανταρκτική

Antarktida

Γη

toka

γη

tokë

θάλασσα

det

νησί

ishull

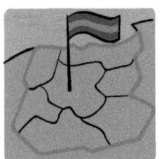

έθνος

komb

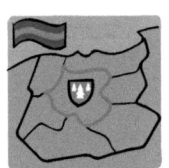

πολιτεία

shtet

καντράν ρολογιού

fusha e orës

ωροδείκτης

akrepi i orës

λεπτοδείκτης

akrepi i minutave

δείκτης δευτερολέπτων

akrepi i sekondave

Τι ώρα είναι;

Sa është ora?

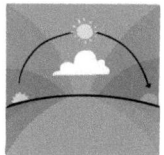

ημέρα

ditë

χρόνος

kohë

τώρα

tani

ψηφιακό ρολόι

orë dixhitale

λεπτό

minutë

ώρα

orë

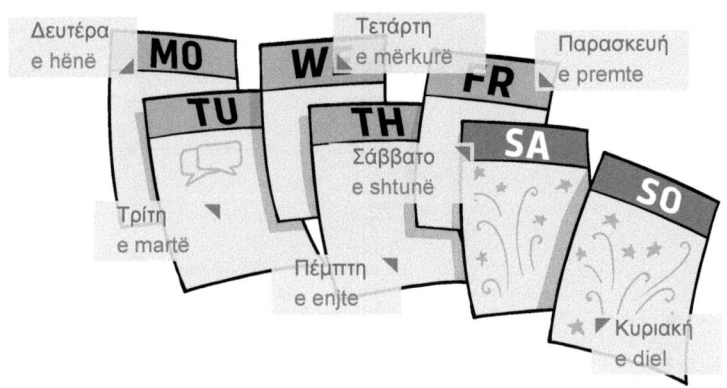

Δευτέρα e hënë — MO
Τετάρτη e mërkurë — W
Παρασκευή e premte — FR
TU
TH
SA
SO
Τρίτη e martë
Σάββατο e shtunë
Πέμπτη e enjte
Κυριακή e diel

χθες
dje

σήμερα
sot

αύριο
nesër

πρωί
mëngjes

μεσημέρι
mesditë

βράδυ
mbrëmje

MO	TU	WE	TH	FR	SA	SU
1	2	3	4	5	6	7
8	9	10	11	12	13	14
15	16	17	18	19	20	21
22	23	24	25	26	27	28
29	30	31	1	3	3	4

εργάσιμες ημέρες
ditë pune

MO	TU	WE	TH	FR	SA	SU
1	2	3	4	5	6	7
8	9	10	11	12	13	14
15	16	17	18	19	20	21
22	23	24	25	26	27	28
29	30	31	1	2	3	4

Σαββατοκύριακο
fundjavë

έτος
vit

βροχή
shi
ουράνιο τόξο
ylber
χιόνι
borë
άνεμος
erë
άνοιξη
pranverë
φθινόπωρο
vjeshtë
καλοκαίρι
verë
χειμώνας
dimër

4.APRIL 11°
5.APRIL 4°
6.APRIL 13°
7.APRIL 8°
8.APRIL 10°

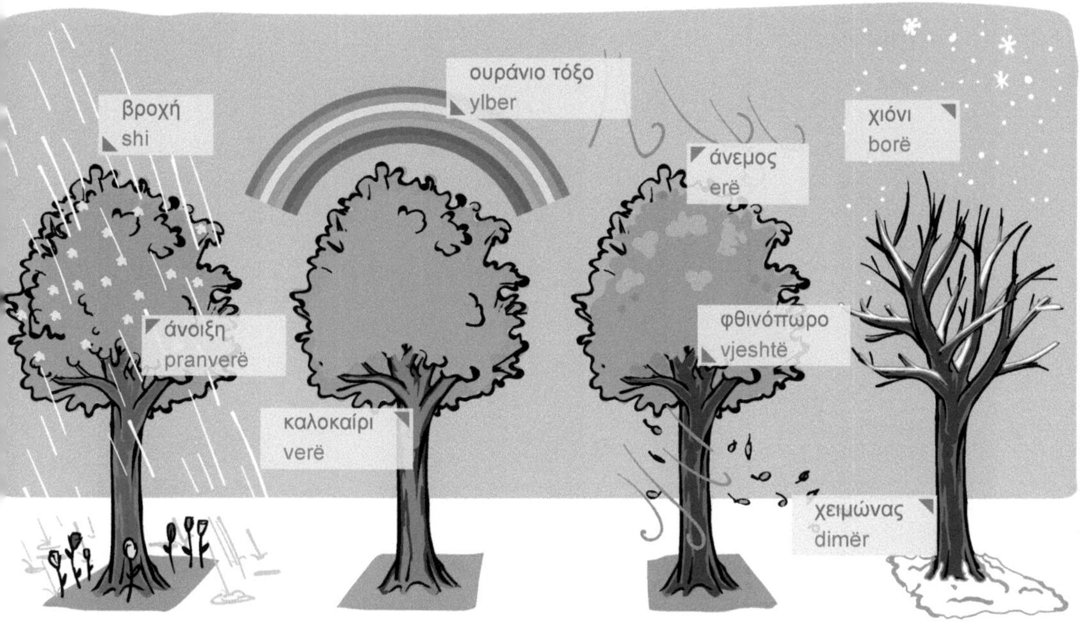

πρόγνωση καιρού

parashikimi i motit

F C
120 90 60 30 0 -30
40 30 20 10 0 -10 -20

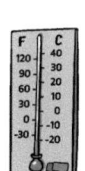

θερμόμετρο

termometër

λιακάδα

ndriçim dielli

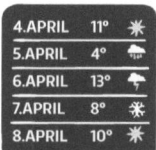

σύννεφο

re

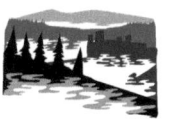

ομίχλη

mjegull

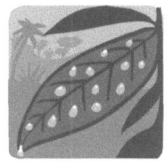

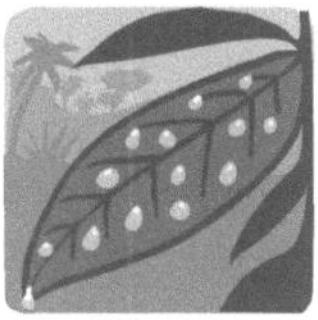

υγρασία

lagështi

αστραπή

vetëtima

κεραυνός

gjëmim

καταιγίδα

stuhi

χαλάζι

breshër

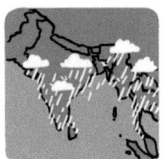

μουσώνας

muson

πλημμύρα

përmbytje

πάγος

akull

Ιανουάριος

janar

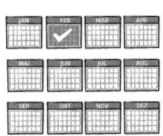

Φεβρουάριος

shkurt

Μάρτιος

mars

Απρίλιος

prill

Μάιος

maj

Ιούνιος

qershor

Ιούλιος

korrik

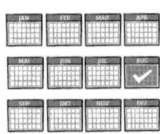

Αύγουστος

gusht

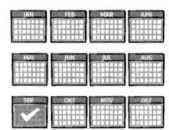

Σεπτέμβριος

shtator

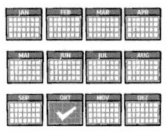

Οκτώβριος

tetor

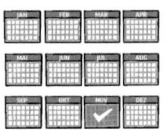

Νοέμβριος

nëntor

Δεκέμβριος

dhjetor

σχήματα
forma

κύκλος

rreth

τετράγωνο

katror

ορθογώνιο
παραλληλόγραμμο
drejtkëndësh

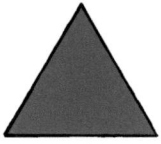

τρίγωνο

trekëndësh

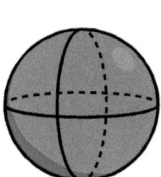

σφαίρα

sferë

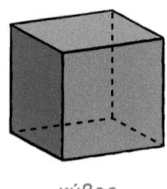

κύβος

kub

áσπρο

e bardhë

κίτρινο

e verdhë

πορτοκαλί

portokalli

ροζ

rozë

κόκκινο

e kuqe

μωβ

vjollcë

μπλε

blu

πράσινο

e gjelbër

καφέ

kafe

γκρι

gri

μαύρο

e zezë

πολύ / λίγο

shumë / pak

θυμωμένος / ήρεμος

i nevrikosur / i qetë

όμορφος / άσχημος

i bukur / i shëmtuar

αρχή / τέλος

fillim / fund

μεγάλος / μικρός

i madh / i vogël

φωτεινός / σκοτεινός

i ndritshëm / i errët

αδελφός / αδελφή

vëlla / motër

καθαρός / λερωμένος

e pastër / e pistë

πλήρης / ατελής

e plotë / jo e plotë

ημέρα / νύχτα

ditë / natë

νεκρός / ζωντανός

gjallë / vdekur

φαρδύς / στενός

i gjerë / i ngushtë

βρώσιμος / μη βρώσιμος

i ngrënshëm / i pangrënshëm

κακός / ευγενικός

i keq / i këndshëm

ενθουσιασμένος / βαριεστημένος

i lumtur / i mërzitur

παχύς / λεπτός

i shëndoshë / i dobët

πρώτος / τελευταίος

e para / e fundit

φίλος / εχθρός

mik / armik

γεμάτος / άδειος

plot / bosh

σκληρός / μαλακός

e fortë / e butë

βαρύς / ελαφρύς

e rëndë / e lehtë

πείνα / δίψα

uri / etje

άρρωστος / υγιής

i sëmurë / i shëndetshëm

παράνομος / νόμιμος

e paligjshme / e ligjshme

έξυπνος / χαζός

i zgjuar / budalla

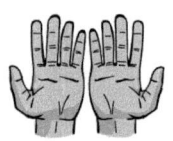

αριστερός / δεξιός

majtas / djathtas

κοντινός / μακρινός

afër / larg

αντίθετα - të kundërta

καινούριος /
μεταχειρισμένος

asgjë / diçka

e re / e përdorur

τίποτα / κάτι

asgjë / diçka

γέρος | νέος

i moshuar / i ri

αναμμένος / σβηστός

ndezur / fikur

ανοιχτός / κλειστός

hapur / mbyllur

χαμηλόφωνος /
μεγαλόφωνος

i qetë / i zhurmshëm

πλούσιος / φτωχός

i pasur / i varfër

σωστός / λανθασμένος

e drejtë / e gabuar

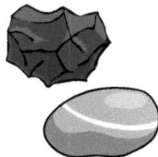

τραχύς / λείος

i ashpër / i butë

λυπημένος / χαρούμενος

i mërzitur / i lumtur

κοντός / μακρύς

i shkurtër / i gjatë

αργός / γρήγορος

ngadalë / shpejt

υγρός / στεγνός

i lagësht / i thatë

ζεστός / δροσερός

ngrohtë / freskët

πόλεμος / ειρήνη

luftë / paqe

αντίθετα - të kundërta

αριθμοί

numra

0

μηδέν

zero

1

ένα

një

2

δύο

dy

3

τρία

tre

4

τέσσερα

katër

5

πέντε

pesë

6

έξι

gjashtë

7

εφτά

shtatë

8

οκτώ

tetë

9

εννιά

nentë

10

δέκα

dhjetë

11

έντεκα

njëmbëdhjetë

12
δώδεκα
dymbëdhjetë

13
δεκατρία
trembëdhjetë

14
δεκατέσσερα
katërmbëdhjetë

15
δεκαπέντε
pesëmbëdhjetë

16
δεκαέξι
gjashtëmbëdhjetë

17
δεκαεφτά
shtatëmbëdhjetë

18
δεκαοκτώ
tetëmbëdhjetë

19
δεκαεννέα
nentëmbëdhjetë

20
είκοσι
njëzetë

100
εκατό
qind

1.000
χίλια
mijë

1.000.000
εκατομμύριο
milion

Αγγλικά

anglisht

Αμερικάνικα Αγγλικά

anglishte amerikane

Μανδαρίνικα Κινέζικα

kinezisht mandarin

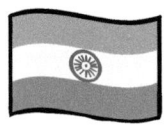

Χίντι

hindi

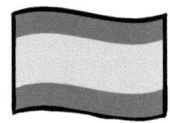

Ισπανικά

spanjisht

Γαλλικά

frëngjisht

Αραβικά

arabisht

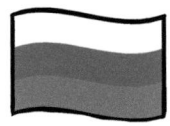

Ρώσικα

rusisht

Πορτογαλικά

portugalisht

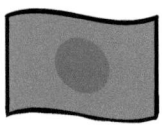

Μπενγκάλι

bengalisht

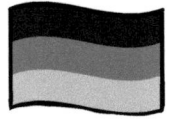

Γερμανικά

gjermanisht

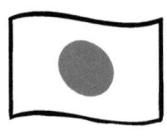

Ιαπωνικά

japonisht

εγώ

unë

εσύ

ti

αυτός / αυτή / αυτό

ai / ajo

εμείς

ne

εσείς

ju

αυτοί / αυτές / αυτά

ata

ποιος / ποια / ποιο;

kush?

τι;

çfarë?

πώς;

si?

πού;

ku?

πότε;

kur?

όνομα

emër

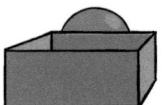

πίσω

pas

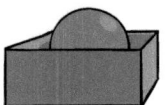

μέσα

në

μπροστά

përballë

πάνω από

sipër

πάνω

mbi

κάτω

poshtë

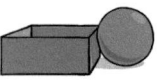

δίπλα

pranë

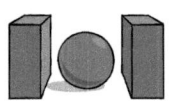

ανάμεσα

midis

μέρος

vend